속판(續版)

21세기 고조선 역사 유적지 답사기

속판(續版)

21세기 고조선 역사 유적지 답사기

저 자 김세환
발 행 인 정유리
발 행 처 도서출판 백암
발 행 일 2017년 11월 23일 초판 인쇄
2017년 11월 28일 초판 발행
등록번호 제313-2002-35호
주 소 서울시 마포구 신수동 219번지
전 화 02)712-3733
팩 스 02)706-9151
전자우편 baekam3@hanmail.net

값 20,000원

ISBN 978-89-7625-166-4

속판(續版)

21세기

고조선 역사 유적지 답사기

김세환 지음

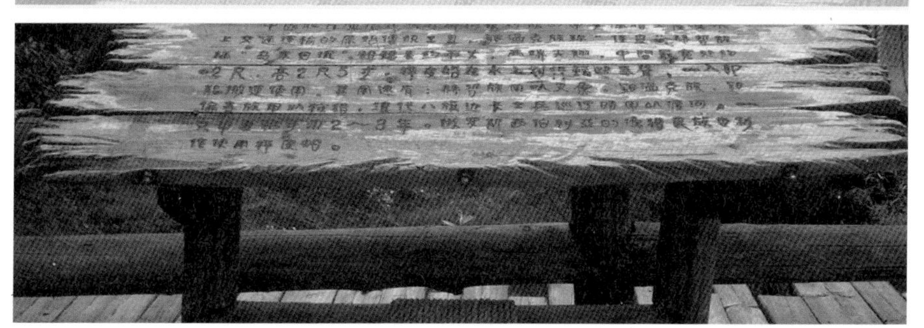

도서출판 백암

머리말

속판(續版)

우리민족의 뿌리를 찾겠다고 中原 땅을 찾아 나선지가 어느새 20년이란 세월(歲月)이 훌쩍 흘러갔다. 1996년 4월에 첫 답사(踏査)를 시작하여 2016년 8월에 31차를 다녀왔으니 每年 한 두 번씩 다녀온 셈이다.

현지(現地)에 다녀오고 나면 미흡(未洽)하여 의문(疑問)이 생기게 되어 다시금 또 찾아가야만 했다.

中原과 시베리아 남부(南部)의 초원(草原)지대(地帶)의 그 광활(廣闊)한 지역(地域)에 살고 있는 여러 가지로 호칭(呼稱)하는 종족(種族)들은 모두 이족(夷族)의 분할(分割) 족(族)에 속한다. 많은 종족으로 분류를 하고 있지만 같은 황색(黃色)민족으로 우리民族을 동이(東夷)라고 호칭하는 것과 같은 맥락(脈絡)이다. 사마천(司馬遷)이 한(漢)나라 위주(爲主)의 歷史를 편찬(編纂)하는데서 파생(派生)한 歷史를 왜곡(歪曲)한 것으로 볼 수밖에 없는 것이다.

그러므로 나는 주로 유적지(遺蹟地)와 박물관(博物館)을 중심으로 현존(現存)하는 유적과 현지를 탐방(探訪)하기로 했다. 그리고 그곳에서 많은 사진을 찍었고 그곳의 고서(古書)들과 자료(資料)들을 수집(蒐集)하여 가지고 왔다.

이 古書들과 자료들은 오래된 世代의 반영(反映)임으로 순진성(純眞性)이 있고, 사진만큼은 과거와 현실을 입증(立證)하는 중요한 기록(記錄)이 되기 때문이다.

그중에 우리가 특별이 관심을 갖고 집중적으로 답사하며 느낀 곳이 만리장성(萬里長城) 주변이다. 萬里長城을 경계로 萬里長城 북(北)쪽은 황색(黃色)민족의 근본(根本)인 이족(夷族)의 근거지(根據地)로 볼 수 있으며 萬里長城 남(南)쪽의 中原은 같은 황색민족이지만 이족과

남방민족이 섞인 민족으로 볼 수 있으며 문화(文化) 풍속(風俗)이 융합(融合)되어 있으나 北方文化의 영향권에 속한 것을 느낄 수 있었다.

中原의 지형(地形)은 우리나라의 지형과 전혀 다른 광활(廣闊)한 평원(平原)과 고산준령(高山峻嶺)이 수백 리가 이어지는 지세(地勢)로 우리의 상상(想像)과는 계산이 맞지 않는다.

지리(地理), 기후(氣候), 풍토(風土)가 모두 다 다르니 이에 대한 감상(感想)도 적게 마련이다.

고산준령에는 지하자원(地下資源)이 얼마나 있는지 모르지만 끝이 안 보일 정도로 농작물(農作物)이 무성하게 자라는 비옥(肥沃)한 전답(田畓)을 볼 때 욕심도 나고 한편 울화도 치밀어 오른다. 바로 이곳이 우리의 옛 조상(祖上)이 살던 우리 땅이라는 생각이 떠올라서이다.

환웅기(桓雄紀) 6,000년 말(末)이 80여년(餘年)이 남았으니 그때까지는 歷史의 순리(順理)에 따라 홍익인간(弘益人間)하고 이화세계(理化世界)하는 때가 올 것이다. 우리는 그때를 대비하여 그 터전을 지금부터 닦아 놓아야 할 것이다.

아직까지 여기가 신시(神市)이고 저기가 아사달(阿斯達)이라고 꼬집어 확정은 못 짓고 있으나 기수문화(奇數文化)의 방향성(方向性)의 풍속이 우리에게 전수(傳授)된 것이 실증(實證)됨으로서 요하유역(遼河流域)와 홍산 권(紅山圈)의 8~9,000年의 歷史가 우리에게 이어지고 있음이 확인되고 있는 것이다. 이것을 부정(否定)못하는 5~6,000年의 歷史를 가진 中原의 화하족(華夏族)은 안타까워하고 있을 뿐이다.

이렇게 갔다 온 곳을 다시금 찾아 이십(二十) 여 년 간을 다니다 보니 오늘날의 中國이 빠른 속도로 변화(變化)하고 있다는 것을 감지(感知)하게 되었으며 그러는 가운데 동북공정(東北工程)이다 하여 歷史를 왜곡시키고 있으니 이것이 얼마나 고통스럽기만 하고 그저 참담(慘憺)하기만 할뿐이다. 호칭은 어떻든 간에 더 이상 歷史的인 유물(遺物)을 손상(損傷)시키지 말고 잘 보존(保存)하여 줄 것을 우리는 바랄뿐이다.

20餘年 동안 총(總)31차(次)의 고조선(古朝鮮)답사를 하였다. 그중 26次까지의 기록과 사진

과 자료들을 정리하여 2013年 3月에 '고조선 역사유적지 답사기'를 출간(出刊)하였다. 사진과 자료들이 워낙 광범위(廣範圍)하다 보니 4x6배판(倍判) 사이즈에 800쪽에 다 달았다. 中原踏査도 나름 힘들었지만 책(冊)을 출간하고자 마음먹고 원고를 쓰고 정리 하는데도 그 이상(以上) 힘들었다고 기억(記憶) 속에 맴돌았다. 하지만 出刊 후(後)에 독자(讀者)들의 극찬(極讚)과 갈채(喝采)에 보람을 느낄 수 있었다.

그 後 2013年 책이 출간이후부터 2016年8月까지 5次의 中原踏査를 하였다. 앞으로 몇 번(番)이나 더 답사를 할지는 모르겠으나 어느새 내 나이 구순(九旬)에 다다른다. 마음은 中原으로 가고 있지만 몸이 따라줄 런지 의문(疑問)이다. 그래서 갈 때 마다 달라지는 中原의 5次의 자료들과 새롭게 발견(發見)된 자료들을 정리하여 또다시 책으로 출간하여 세상에 내보내게 되었다.

아무쪼록 이 보잘 것 없는 글과 사진자료들이 훗날 우리歷史를 제대로 알고자 하는 사람들과 또 찾고자 하는데 밑거름이 되어주길 바랄 뿐이다.

2017(丁酉年) 가을에

書家에서 堤鳳 金世煥

차 례

제 27 차

중원지방中原地方 제일 북단인 흑룡강성黑龍江省 일원一圓 유적지 답사

2013년 7월 31일부터 8월 8일까지

김세환1930生, 김정석1945生, 김석규1945生, 안동립1957生, 김남석1958生, 노태구1946生, 최성미1948生, 서 승1942生, 지승규1957生, 한원선1954生, 이수한1947生, 김창언1969生

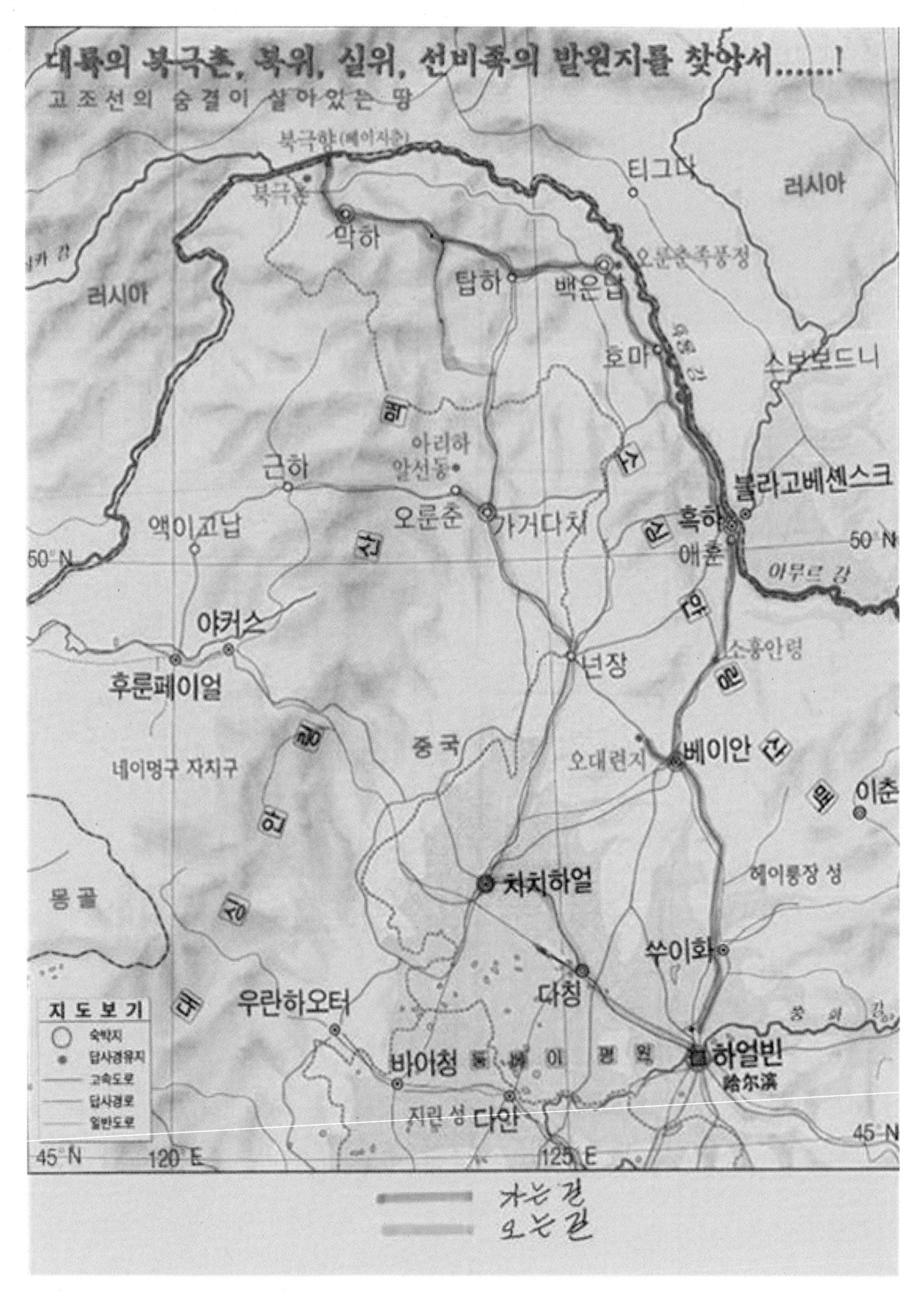
대륙의 북극촌, 북위, 실위, 선비족의 발원지를 찾아서......!
고조선의 숨결이 살아있는 땅
러시아
티그다
막하
탑하
백운납
러시아
호마
스보보드니
근하
오룬춘
가거다치
블라고베센스크
흑하
애훈
액이고납
50° N
아커스
후룬페이얼
넌장
소흥안령
중국
베이안
오대련지
네이멍구 자치구
이춘
치치하얼
헤이룽장 성
몽골
쑤이화
다칭
우란하오터
하얼빈
哈尔滨
바이청
다안
지린 성
45° N
120° E
125° E
지도보기
숙박지
답사경유지
고속도로
답사경로
일반도로
가는 길
오는 길

노정도

기 행

김남석 총무님의 제27차 중원지방中原地方의 제일 북단인 흑룡강성黑龍江省 일원一圓의 답사계획 연락을 받고 동참하기로 했다.

초행 답사지역인데 8박 9일의 일정으로 3,100Km의 고된 여정을 무사히 다녀온 것을 동행한 여러분께 감사드린다. 보청기를 착용하였지만 귀는 잘 들리지 않고 눈은 침침하여 균형이 잘 잡히지 않아 평탄길이 아닌 곳의 행보가 불안 한 것을 알면서도 나름대로 극력極力 조심하면서 다녔으나 여러모로 동행한 분들께 폐를 끼쳤다. 참으로 죄송하고 고맙게 생각한다.

1. 2013. 7. 31. 水

2호선과 공항철도를 거쳐 인천공항 3층 집결장소에 도착 한 것이 14시 45분이다. 16시 45분에 일행 12명이 모두 도착하여, 17시 15분에 입장수속을 마치고 셔틀전차를 타고 101-Gate에 가서 대기했다.

이번 일행 중에는 초면으로 우리일행과 동행하게 된 지승규 씨, 한원선씨와 김창언 스님〈靑江〉이 동참해주셔서 감사의 마음으로 환영하였다. 특히 청강스님은 인터넷을 보고 이 자리에 동참하게 되었다고 한다. 그의 열성과 지극정성에 더욱 고맙고 감사할 뿐이다.

19시에 중국 남방항공소속 CZ-684편 비행기 B-6761호 35A석에 탑승하여 19시 20분에 이륙했다. 비행기는 서남방향으로 기수를 돌리드니 3차에 걸쳐 우 향으로 돌더니 19시 55분에 북향으로 항진하고 있다. 정서正西쪽의 해빛이 강열하게 쪼인다. 석양의 낙조落照는 20시 10분이다.

20시 20분에 식사가 나왔는데 닭고기 밥에 빵 1개, 카스텔라 1개, 과일, 나물과 오렌지쥬스 등이다. 구름 위를 나르고 있다. 운해雲海를 지났는지 20시 30분 지상의 등불이 보인다. 큰 도시같다. 21시 10분에 착륙했다.

21시 30분에 통관을 하고 짐을 찾아 22시에 봉고차를 타고 출발했다. 22시 47분에 하얼빈哈爾濱시내에 도착하여, 의필사宜必思 하루빈索菲亞 교당주점教堂酒店〈ibis〉에 도착하여 556호실에 김정석씨와 같이 투숙했다. 안내자는 조선족 구용길(具龍吉) 씨다.

우리가 타고 간 중국남방항공 비행기

구름 수평선에 지고 있는 태양

2. 2013. 8. 1. 木

06시에 기상하여 06시 20분에 김석규, 김정석, 이한수씨와 같이 시내구경을 나갔다. 나는 네 번째의 하얼빈에 왔지마는 시내구경은 처음이다. 중앙로를 송화松花강변까지 25분이 걸려 사대림斯大林공원까지 갔다 왔다. 화려한 고층건물의 거리다. 다듬은 돌의 노면이다.

하얼빈(哈爾濱) 중심거리

군데군데 있는 맥주 판매점

가꾸어 놓은 자연수목의 조경

송화강변의 공원

하얼빈시 인민 방홍(防洪) 승리 기념탑

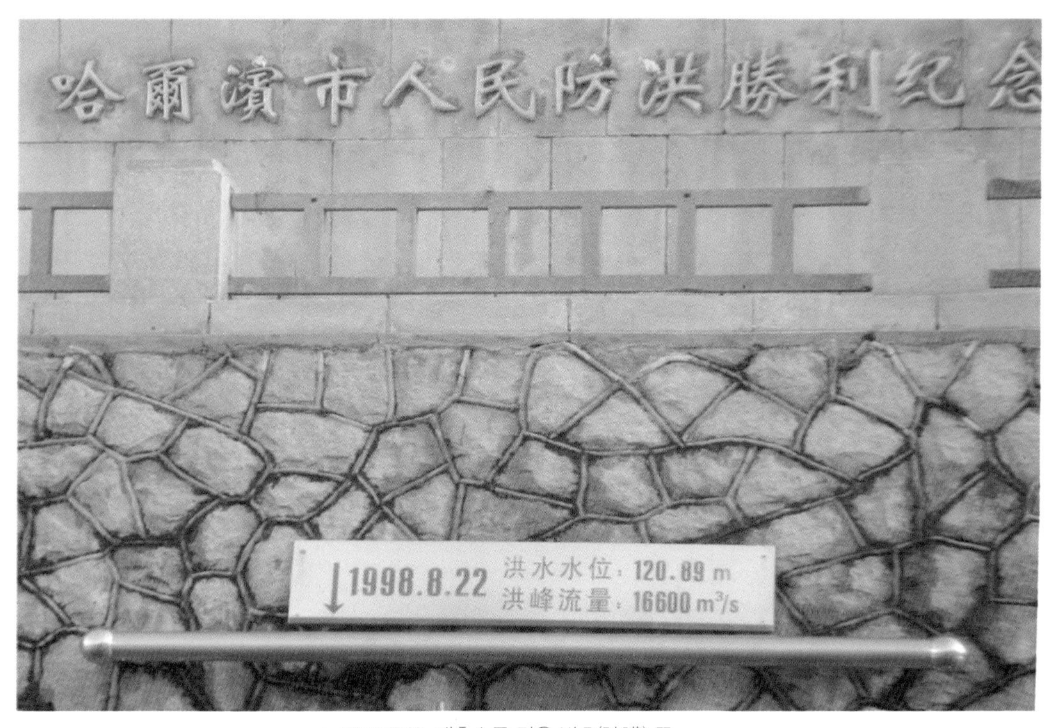

1998.8.22. 대홍수를 막은 방호(防護) 뚝

거리 여기저기 있는 아라사(俄羅斯) 상점

도도한 송화강(松花江)

우리가 투숙한 호텔

송화강 태양도(太陽島)의 조형물상(비둘기 飛翔)

새로운 구경거리가 많아 사진을 몇 장 찍었다. 이른 아침이라 안개가 끼었다. 큰 강변이라 그런 것 같다.

아침식사를 간이 뷔페로 마치고 08시 35분에 출발했다. 잘 정비된 6차선을 태양대교를 건너며 298Km 지점의 호란呼蘭 GT를 통과하며 G-11路인 哈伊고속도로 진입한다. 주변의 은사시나무는 10年 根이 될까 말까, 밭의 밀식한 무성 하게 자란 옥수수의 개꼬리는 끝없이 펼쳐진다. 10시 37분에 246Km 지점의 수화綏化 TG를 통과하여 수북綏北고속도로 진입하며 북안시北安市로 향했다. 비닐하우스도 있고 농가의 집은 전부 새집이며 헌집은 하나도 없다. 이미 농가 주택개량은 벌써 끝냈다고한다. 12시 5분에 급유도하고 용변도 보았다. 13시53분에 222Km 지점의 오대연지경구五大連池景區 수비참收費站을 통과했다. 요금은 380元이다. 234Km지점에서 오대연지 표석 사진을 찍고 14시 25분에 왕모려王毛驢 두부미식점豆腐美食店에 도착했다.

15시 20분에 출발하여 15시 28분에 오대연지 세계 지질공원地質公園 박물관에 도착하였다.

고층 빌딩

거리의 조형물 〈비둘기 비상〉

오대연지 표석

오대연지 거리에 세워놓은 아치

오대연지 세계 지질공원은 연합국 교과문조직教科文組織으로 2004년 2월 13일에 비준을 받았다. 이 오대연지 세계 지질공원은 하나의 화폭같은 풍경으로, 흑용강성 북부에 위치하고 있다. 14개소의 화산좌火山座는 선후 여러 번에 걸쳐 폭발하였다. 눈앞에 펼쳐져 보이는 완벽한 화산폭발 장관壯觀의 유적이다. 이 소박한 화산공원과 화산 박물관은 아름다운 자태를 그대로 유지하고 있는 것이다.

왕모려(王毛驢) 두부미식점의 두부요리의 종류

점심 식사하는 우리 일행

오대연지 세계 지질공원 박물관

죽국 오대연지 세계 지질공원 표석

공원 입장권 판매소 앞에서 우리 일행

오대연지 세계 지질공원 표지

공원내에 세워놓은 각종 표지판↑↓

오대연지 화산 용암(溶岩)

오대연지 용암 기관(奇觀)

오대연지 용암 잔도(棧道)

오대연지 화산 식생(植生)

부석(浮石) 들판에 설치해놓은 보행로

부석 들판을 배경으로 김정석씨와 함께

오대연지국가중점풍경명승구〈1982년지정〉

화산 용출 부석의 바다

화구(火口)에 세워놓은 노흑산(老黑山) 화산구 표석

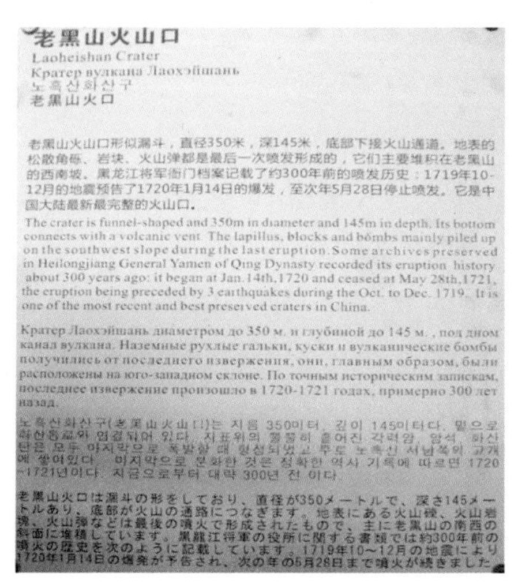

노흑산 화산구 해설

박물관 내부는 주로 화산 용출 부석의 샘플 전시 등 전시물을 이해하려면 상당한 공부를 하여야 할 것 같다. 큰 흥미가 없어 간단이 한 바퀴 돌고 나와 15시 50분에 출발하여 16시에 공원입구 주차장에서 내려 공원입장권을 사가지고 16시 30분에 공원 전용차를 타고 출발해서 16시 40분에 공원광장에 도착하였다.

노흑산 화산구 표석 뒷면의 해설

이 해설은 중국어를 비롯하여 영어 로서아어, 한국어 및 일본어의 5개 국어로 해설하고 있다.

노흑산 화산구 해설

노흑산 화산구는 누두漏斗〈깔때기〉의 형태를 하고 있으며, 직경이 350m이고 깊이는145m이다. 저부底部가 화산의 통로와 연결되어있다. 지표에있는 화산자갈〈多角性자갈〉 화산암괴巖塊, 화산탄彈등은 최후의 화산으로 형성된 것으로서 주로 노흑산의 서남 사면에 퇴적되어 있다. 흑용강 장군의 아문에 관한 서류에는 약 300년 전의 분화의 역사를 다음같이 기재하고 있다.

1719년 10월~12월의 지진에 의하면 1719년 10월 14일의 폭발 예고되어, 다음해의 5월 28일까지 분화가 계속되었다. 이는 중국대륙의 最新이며 가장 완벽한 화산구이다.

부석 들판에 설치한 보행로를 지나서 계단식 등산길을 몇 번 쉬면서 올라가 분화구 입구에서 김석규 회장이 사주는 얼음과자를 먹으며 정상까지 올라가니 17시 30분이다.

17시 35분에 하산하기 시작했다. 하행 길의 계단이 불규칙하여 안동립 회장의 부축을 받으며 광장에 도착한 것이 18시 5분이다. 18시 15분에 전용차편으로 공원 주차장에 도착하여 우리 봉고차로 갈아타고 18시 27분에 출발했다.

흑노산 화산구

흑노산 화산구 정상에서

흑용산 유람도

주점 로비에 안치되어 있는 재복상 앞에 진열된 사과가 3개다.

저녁 식사하는 우리 일행

야간의 화려한 시가지

도중 술도가에서 백알 한통을 준비하여 18시 40분에 출발, 19시에 TG 우측으로 빠져 오대연지시에 있는 임삼상무주점(林森商務酒店)에 19시 15분에 도착하여 203호실에 김정석씨와 같이 여장을 풀었다. 20시 30분에 저녁식사는 주점 옆 지하 만두집에서 물만두 국에 백알을 곁들였다. 족욕집에 들렸으나 그냥 돌아왔다. 시가지는 신도시로 관광지라 네온사인이 화려하다.

3. 2013. 8. 2. 金

화려하던 야경은 간데없고 아침풍경은 너무나 초라하다. 아침식사는 어제 저녁 먹던 집에서 간단이 해결했다. 08시 35분에 출발하여 08시 45분에 TG를 통과하고 G-12路 215Km 지점에서 진입하여 북안시北安市를 거쳐 흑하시黑河市를 향하여 달리고 있다. 양 주변에는 미개간 초원도 있다. 시멘트포장도로도 보인다. 743Km 지점의 소흥안령小興安嶺 복무구服務區에 10시 5분에 들려 용변도 보고 사진도 찍다가 10시 20분에 출발했다. 소흥안령 산맥의 제일 높은 고개인 해발428m지점에서 기념사진을 찍었다. 높은 고개인데도 넓은 평원이며 곧게 자란 자작나무숲이 우거져있고 20년생 정도 되는 낙엽송림도 있다. 820Km부터 아스팔트길인 길흑吉黑고속 G-12이다.

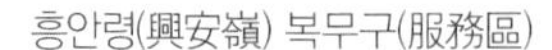

흥안령(興安嶺) 복무구(服務區)

해발 428m지점에서 기념사진

애혼愛琿 TG를 12시 2분에 통과하고 12시 10분에 애혼위국愛琿衛國 영웅원英雄園에 도착했다.

애혼위국愛琿衛國 영웅원은 로서아와의 전쟁에서 흑용강 이북의 영토를 포기하는 불평등조약不平等條約인 애혼조약을 체결하였고, 이 치욕역사에서 희생한 장군을 기리며 민족자존을 강조한 기념관으로 볼 수 있다.

애혼위국 영웅원

애혼위국 영웅원 정원의 곱게 핀 꽃

애혼위국 영웅원 광장의 조소 상〈彫塑 像〉

12시 43분에 흑용강변에 도착하여 망망대강을 바라보며 기념사진을 찍고 손을 씻고 13시에 떠나 10분에 백성인가百姓人家식당에 도착했다.

강토비(疆土碑)

애혼조약 체결 장면

흑용강 수산(壽山) 장군 조소

흑용강 살포소(薩布素) 장군 조소

사아침입(沙俄侵入) 중국흑용강 유역 표시도

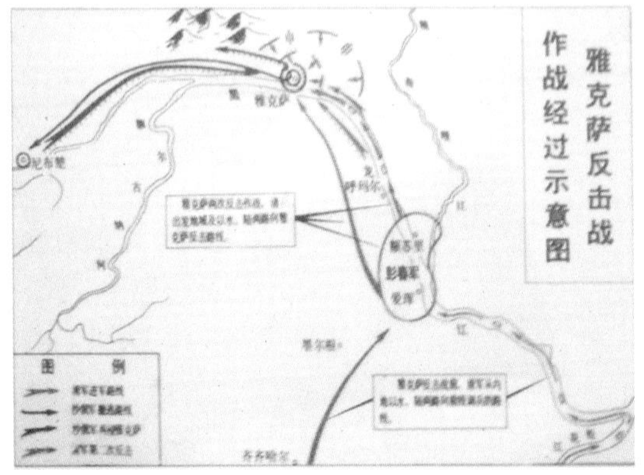

아극살(雅克薩) 반격전 작전과정 표시도

점심식사를 마치고 14시 07분에 출발했다. 14시 36분에 흑하黑河 TG를 통과하여 S-209路로 진입하여 호마시呼瑪市를 향하여 가고 있다. 해발 148m의 호마시 관내에 들어오니 자작 나무숲이 펼쳐진다.

215Km지점에 19시 16분에 도착하니 교량공사 중으로 가교를 설치해서 임시통로를 만들었는데 호마천呼瑪川의 홍수로 물에 잠기어 통행에 어려움을 격고 있다. 21시가 되어 사람들은 차에서 내려 걸어서 건너고 자동차는 크레인으로 끌어 올려주어 겨우 건넜다. 호마시내에 들어와 여관을 찾아다니다가 어느 골목에 있는 喜達賓館에 22시가 넘어 206호실에 김정석씨와 같이 투숙했다. 새로 지은 여관이라 TV등 모든 것이 최근의 새것이며 컴퓨터도 설치되어있다.

흑용강(黑龍江)은 망망대강(茫茫大江)

흑용강을 배경으로 일동 기념사진

흑하(黑河) TG

자작나무〈白樺〉 숲

4. 2013. 8. 3. 土

호마현呼瑪縣은 개발도시이다. 아침식사는 가합합佳哈哈〈360gr〉한 캔으로 마쳤다. 08시 40분에 출발했다. 298km지점에서 잠시 내려 용변을 보고 10시에 떠났다. 11시 05분에 백은납시白銀納市에서 내렸다. 백은악륜춘민족白銀顎倫春民族 풍정風情 여유구旅遊區라는 간판이 있기 때문이다. 악륜춘민족은 신비神秘의 민족으로 살만문화薩滿文化 즉 중국 악륜춘 민족 문화예술 지향之鄕이란다. 가까운 곳에 한집에 들어가니 맹孟 숙방할머니가 맞이해 준다. 집 안을 두루 구경했다. 孟 할머니는 73세의 노인으로서 핸드폰으로 딸과 연락하여 安 회장이 요구하는 e-Mail 번호까지 알려준다. 사진을 여러 장 찍었다. 몽고족의 후예라고 한다. 이 곳은 341Km지점이다.

중국 악륜춘(鄂倫春) 민족 문화예술 지향 간판

孟할머니 집 마당에서 일행같이

이 족자의 사진들은 악륜춘(鄂倫春)민족의 행사사진 같은데 설명을 들을 시간이 없었다.

이곳은 목이木耳버섯이 자연산이 많은 것 같다. 길가에다 널어서 말리고 있다.

맹孟할머니 집에서 12시에 출발하였다. 18站 꽤 큰 도시는 12시 20분에 통과했다. 아스팔트길이 좋다. 가로수는 없고 약 50m 간격으로 코스모스를 심어 꽃이 한창피고 있다.

13시 50분부터 탑하면塔河縣의 천지학고육千紙鶴考肉 정찬에서 점심식사를 하고 14시 50

분에 출발했다. 19시 05분에 393Km 지점인 아목이阿木爾를 지나고 19시 52분에 북극빙남매주장北極氷藍莓酒庄 앞 광장에 내려 부루베리〈藍莓〉를 많이샀다. 20시 02분에 발차하여 S-207 429Km 지점인 마하현漠河縣에 21시에 도착했다.

북극빙(北極氷)남매주장(藍莓酒庄) 정문

22시에 애국빈관愛國賓館에 김정석씨와 같이 투숙했다. 저녁식사는 완완신碗碗紳 면미식성面美食城에서 쇠고기국수〈9元〉를 먹었는데 맛이 없다. 20시 45분에 마치고 빈관賓館으로 왔다.

5. 2013. 8. 4. 日

06시 30분에 김석규, 김정석, 이수한씨와 같이 시내구경을 나갔다. 안개가 짙어서 사진발이 안 받는다. 157계단을 올라 등비탑騰飛塔광장에 갔다. 한 바퀴 돌아보고 07시 30분에 호텔로 돌아왔다.

가로수로 있는 이 꽃나무는 자연산이 아니고 인공 화분이다. 인공으로 만든 다섯 가지에 작은 꽃 화분을 모둠으로 얹어 만든 인공 꽃나무이다. 보기 좋고 멋있다. 그런데 여기서 관심을 가져야 하는 것이 있다. 그것은 가지가 모두 기수인 다섯 가지인 것이다. 바로 이것이야말로 동이사상東夷思想이다.

비상탑의 원경과 근경이다. 희망도 크고 높게 나라라

위에서 내려다본 것이다.

등비탑騰飛塔의 고리가 왜 셋일까! 三은 동이숫자이다.

이상의 조형물들은 무슨 뜻인지 모르겠다.

중국에는 조형물이 많이 있다. 조형물을 볼 적마다 느껴 왔지만 큰 것이 다 좋은 것은 아니다. 같은 값이면 큰 것들이 보다 완벽하고 단단하게 건조되었다는 것이 보기 좋아 부럽다. 그리고 그것들이 형식적인 것만은 아니다. 그것들 나름대로 어떤 상징을 내포하고 있는 것 같다.

소흥안령(小興安嶺) 지구의 자연산 채취의 약용(藥用)물건 등

07시 30분에 호텔로 돌아와서 컵 라면으로 아침식사를 대신하고, 아침거리 시장구경을 나갔다. 시장구경을 마치고 08시 53분에 출발하여 S-207路로 북극촌北極村을 향하여 가고

거리에 펼쳐놓은 야채류

거리에 펼쳐 놓은 육류(肉類) 판매

있다. 09시 20분에 중앙분리대가 있는 시멘트 신장 포장도로로 진입하여 10시 15분에 북극촌광장에 도착했다.

까베기를 사서 먹는 우리일행

안개거친 시가지

북극촌 입구 광장에서 우리일행

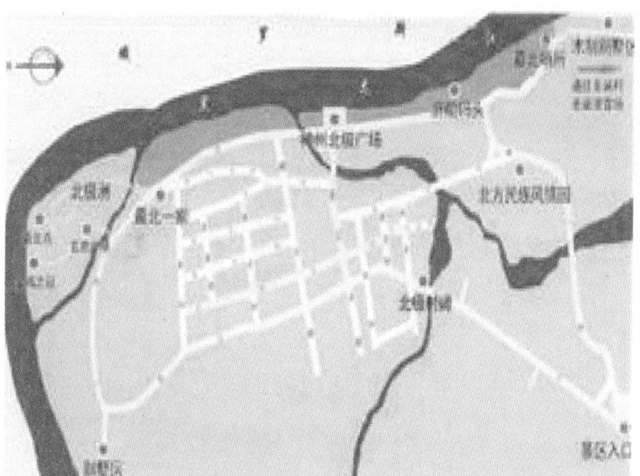

북극촌 일원을 관광하는 행선도

북극촌 표지석

북극 중국 북극점 방향표시

출렁다리를 건너가는 우리일행

화피선(樺皮船) 내력

현무(玄武)광장 표지석

현무광장 조형물인 거북을 타고 있는 어린이

북망아구(北望亞口)광장에 설치된 조형물

북극촌에서의 거리

북극촌 내에 세워놓은 명사들의 자연석에 새겨 넣은 '北' 자의 휘호비(揮毫碑)

북극촌내에 있는 각종 수목과 동물에 대한 해설

중국 최북일가(最北一家) 앞에 모인일행

건너온 출렁다리

봉고차에 타고 있는 일행

신주(神州) 북극광장이 대단히 넓다.

신주 북극광장주위에 세워 놓은 탑 신주 북극비석을 배경으로 우리일행 기념사진

관음 보살사

13시 15분에 북극촌을 출발하여 13시 45분에 관음사觀音寺에 도착했다. 아직 건설중이다.

관음사는 해발 108m에 세웠으며 관음상의 높이는 10.8m라고 한다. 설립은 2006년 11월 9일인데 이 날이 음력 9월 19일로 관음보살이 출가한 날이라 한다. 이 경내에서 특이한 것은 모든 것이 방향 표지나 보조 시설물이 전부 아홉으로 배치되어 있다. 즉 九 란 숫자에 무슨 의미를 부여하고 있다.

도로보호 기둥은 전부 육각주(六角柱)이다. 왜! 육각주일까?
이 지역은 六을 좋아한다.

도로에 세워놓은 아치에는 축닌일로(祝닌一路) 평안(平安)
〈귀하의 이 길이 平安하기를 빕니다.〉

흥안영(興安嶺)의 자작나무숲

물안개가 덥혀있고

굳이 물안개를 배경으로 찍어 주겠단다.

14시에 출발하여 14시 50분에 막하漠河시내에 있는 조선 구육관정찬狗肉館訂餐에 도착하여 점심식사를 마치고 16시에 출발했다.

S-207路 488Km 지점에서 16시 50분에 내려 10분간의 용변과 휴식을 취하고 떠났다. 산위의 구름은 아직 여름구름인데 중천 관음 보살상은 가을구름이다.

대흥안영지대에는 지하에 얼은 땅의 두께가 5m라는 표지다. 이런 표지가 군데군데 있다. 이곳은 아스팔트를 하지 않고 네 개의 부록을 깔아 놓았다.

20시 10분에 호중진呼中鎭시내에 도착하여 겨우 20시 45분에 상해上海 탄세욕정방(灘洗浴訂房)의 306호실에 김정석씨와 같이 투숙했다.

大自然食堂에서 꼬치안주로 백알 한잔

저녁식사는 대자연 소고식당에서 백알과 토스트로 하였다. 4인이 한방에서 자고 화장실과 세면장은 별도 공동용이다. 이 같은 방도 못 구할 뻔 했다. 전기도 100볼트로 200볼트는 사용 할 수 없다.

6. 2013. 8. 5. 月

05시 50분에 기상했다 좀 선선한 것 같아 긴팔 셔츠를 입었다. 08시 10분에 출발하여 거리의 꽈배기 튀김〈油條〉으로 아침식사를 대용했다.

화과(火鍋)〈중국식 신선로〉점심식사를 하는 광경

Y-501路로 진입했다. 09시 10분에 76Km지점 강변에서 하차하여 용변을 보고 강을 내다보니 강물은 진흙물로 거세게 흐르고 있다. 여기는 대흥안령 고원으로 삼림森林이무성하다.

12시 20~30분 주유와 용변, 13시 45분에 가격달기시加格達奇市에 도착했다. 녹엽화과綠葉火鍋에서 화과火鍋〈中國式 神仙爐〉점심식사를 마치고 15시 10분에 출발했다.

도로길이 공사중이므로 시간이 걸렸다. 16시 40문에 악륜춘鄂倫春 자치기自治旗〈阿里河鎭〉알仙洞 경내境內 척발拓跋 선비鮮卑 민족 문화원광장(文化園廣場)에 도착했다. 여기서부터는 깎은 돌을 깔은 노면에 좌우로 담을 쌓고 무수한 조각을 해놓았다. 무려 150m는 되는 길을 걸어갔다.

척발 선비 민족문화원 아치

깎은 돌을 깔은 노면 입구

좌·우로 장벽(墻壁)에 조각해 놓은 여러 가지도형(圖形)들

장벽(墻壁)에 조각해 놓은 여러 가지도형(圖形)들

장벽 기둥에 조각해놓은 짐승들

알선하에서 손을 씻고

알선동〈근경 과 원경〉

알선동내에 사실물〈비석과 중요물 보관함 철책으로 보호〉

동굴내에서 밖을 보고 찍은 사진

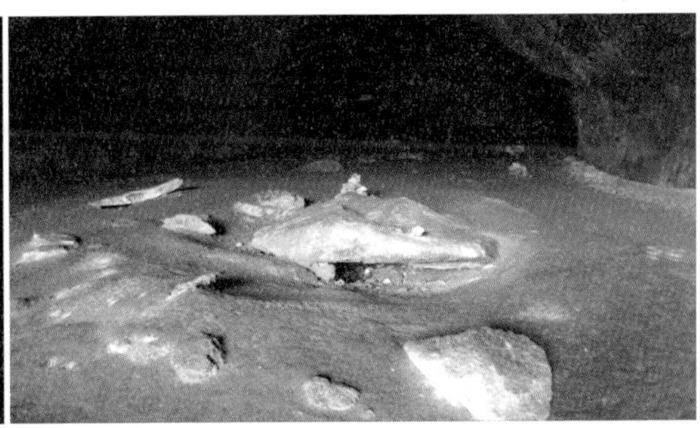

동굴내에서 생활모습

동굴을 배경으로 일동사진

알선동 표지판

'알선동'에서 내려오는 계단

17시 20분에 출발하여 도로 공사관계로 가격달기加格達奇 시내에 19시 20분에 도착했다. 20시 30분에 겨우 연사빈관(燕莎賓館) 617호실에 김정석씨와 투숙하였다.

저녁식사는 21시부터 22시까지 캐나다 우육 집에서 먹었다.

'알 仙洞'의 설명

"歲月은 千年이 지났고, 鮮卑는 萬里를 옮겼구나, 넓은 길은 長城과 트였고, 알仙은 云岡과 이어졌다."

拓跋 鮮卑民族先祖가 최초에 居住하던 石窟 墟다. 동굴의 깊는 100余m이고, 넓이는 20余m이며, 높이도 20余m다. 洞內에는 拓跋氏 北魏 3世皇帝 燾〈서기423~452〉가 신하를 파견하여 머물면서 祖上에게 제사를 지낸 石刻 祝文이 있다. 이 鮮卑 民族史 研究와 北方 疆域史는 가장 진귀한 "原始당案 〈保管文書〉"인 것이다. 1988년 알仙洞은 全國 重點文物 保護 單位로 확정되었다.

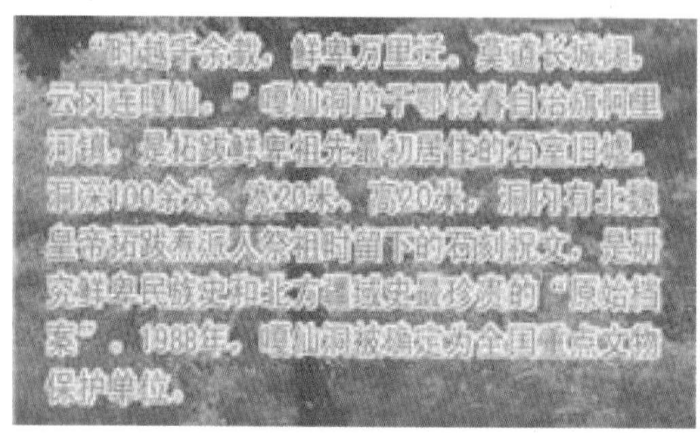

'알仙洞'의 설명

석각 축문〈해석 못함〉

7. 2013. 8. 6. 火

06시 20분부터 07시 10분까지 김, 김, 이씨와 같이 아침 시장구경을 나갔다.

부루베리의 진열 상점

일행이 부루베리를 사기위해 흥정하고 있다.

난장천막 점인데 과일점이 많다. 특이 이곳에서 처음 보는 자연채취 남매藍莓 <남매=Blue Velly>가 많다. 일행이 시장에서 남매를 모두 샀다. 여관으로 돌아와서 辛컵라면으로 아침식사를 먹었다.

9시 45분에 발차하여 주유하고 10시에 G-111에 진입하여 11시 18분에 대양수(大楊樹) TG를 통과했다. G-111 고속도로는 6차선으로 중앙분리대가 있고 아스팔트 노면이 좋다. 대평원이다. 168Km지점인 눈강嫩江다리에서 내려 12시 13분에서 27분간 사진을 찌고, 12시 59분에 눈강시내에 있는 식당 회음백년증교(匯喜百年烝餃)식당에서 점심식사를 했다.

아무리 둘러보아도 끝이 안 보인다. 풍차발전기가 아마 수 십 기는 되는가보다.

눈강시내의 오성기 조명 장치

눈강시내의 조형물 '古驛雄風'

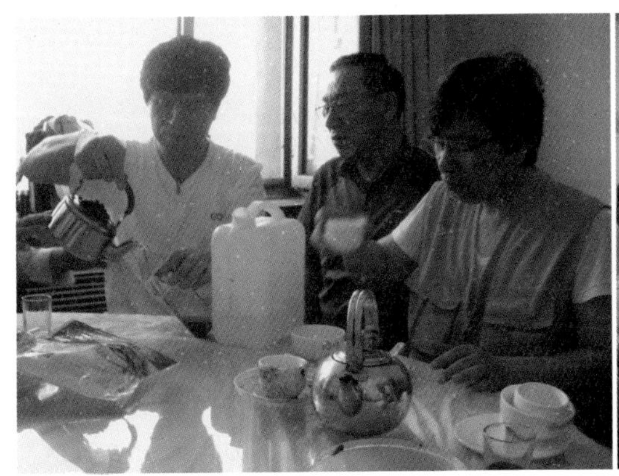

백알에 부루베리를 버무려서 병에 담고 있나.

모두들 한잔씩 마시니 그 맛이 별미다.

18시 24분에 제제합이齊齊哈爾의 건화(建花) G를 통과했다. 772Km에서 대경(大慶) TG를 통과 하고 19시 50분에 대평원 낙조사진을 찍고 20시 15분에 기장(機場) TG를 통과하고

G-45로 진입하여 21시에 희룡빈관(禧龍賓館)에 도착하여 312호실에 김정석씨와 같이 투숙했다. 저녁식사는 굉기특소(宏奇特燒)에서 21시 20분~22시까지 마치고 호텔로 돌아왔다.

선비족(鮮卑族)이 웅거(雄據)하던 대평원(大平原)

끝이 안 보이는 대초원과 평원의 낙조〈20:00경〉

8. 2013. 8. 7. 水

06시 30분에 기상하고, 몇 분과함께 시내구경 차 신흥도시를 찾았다. 규모는 큰데 아직 개발 중으로 짜임새가 없다. 호텔 간이뷔페에서 아침식사를 마치고 08시 50분에 출발했다. G-10 고속도로로 진입하여 09시 15분에 대경(大慶)TG를 통과했다. 10시 5분에 조동(肇東)휴게소에 들러 용변을 보고 5분 만에 떠났다.

하얼빈 TG를 11시에 통과했다. 태양도太陽島를 거쳐 하루빈시내 중앙서점에 들러 책을 샀다. 12시 30분 서라벌〈薩拉伯爾〉정종 한국요리식당에서 냉면으로 점심을 먹었다.

13시 30분에 출발하여 55분에 선착장에 도착하여 유람선을 탔다. 강을 건너는 시간은 10분, 14시 10분에 출발하여 흑용강 박물관에 도착한 것이 16분이다. 박물관에서 책을 샀다.

다음에 조선 민족예술관에 들러 안중근 의사 에 관한 책을 사고, 15시에 출발하여 하루

서라벌〈薩拉伯爾〉정종 한국요리식당

식당옆에 있는 석조물

선착장

우리가 승선한 유람선

흑용강 박물관 외관

金 上京 會寧府 古城遺址 出土

빈참에 15시 09분에 도착했다.

이 龍像은 준坐式〈웅크리고 앉은 모양〉으로 黃銅造物이며 그 제조기술이 精巧하다. 金代帝王의 專享物이며, 지금까지 하나 出土되었다. 金代 文物 중 귀한 珍品으로 黑龍江省 象徵物이다.

폭이 : 16.5Cm,
높이 : 10.3Cm,
두께 : 6.8Cm,
중량 : 2086gr

역 홈으로 들어가는 입장권을 대신하여 산해관행 15시 35분에 출발하는 열차의 다음 쌍성보역까지의 4元짜리 승차권을 사가지고 대기하고 있었다. 즉 홈의 입장료가 4元 인 것이다.

하얼빈시 조선 민족예술관

하얼빈 한국인(商)회관과 합이빈 한국문화원

하얼빈역 전경

대합실의 승객들

15시 40분에 출발하여 도보로 3분 만에 하얼빈시 건축예술관광장建築藝術館廣場에 도착했다. 이 광장은 부지가 4000평방미터이며, 성시城市의 歷史文化와 건축예술의 전문전시관專門展示館이다. 교회敎會와 교당會堂 등으로 구성된 건축예술의 광장이다.

이 광장은 1907년 건축을 시작했으며 중국의 배점정식拜占庭式 교당敎堂의 전형적典型的

이등박문을 저격(狙擊)한 삼각표지(三角標識) 위치(1홈 D)

저격 삼각표지와 기념사진

인 대표 건축양식이다. 1986년에 하얼빈시 1급 보호 건축물로 지정되었다.

17시 50분에 출발하여 18시에 도보로 ibis Hotel에 도착하여 603호실에 김정석씨와 같이 투숙했다.

하얼빈시 건축 예술관

저녁식사는 19시부터 20시까지 모모춘병(毛毛春餅)에서 마치고 전원 몸을 풀기위하여 족욕집에 갔다. 21시 10분에 호텔로 왔다. 돌아와서 일행들과 한잔하기 위하여 102元 짜리 술 1병을 샀다.

9. 2013. 8. 8. 木

아침식사는 辛라면으로 대신하고 07시 10분에 출발했다. 24Km지점에서 공대집단(工大集團) TG를 통과하고 26Km 07시 45분에 좌회전하여 공항로로 진입하여 07시 50분에 공항에 도착했다. 안내자 구용길(具龍吉)씨와 운전기사 조전정(趙展霆)씨와 석별의 인사를 나누었다.

거대하고 웅장한 교당 내부

08시 10분에 통관수속을 마치고 대기하다 09시에 중국남방항공 B-6277號에 탑승하여 09시 28분에 이륙했다. 10시 15분에 간이식이 나왔고 11시 15분에 착륙했다. 무거운 책 보따리를 들어다준 김창언 스님께 감사한다. 12시 20분에 공항철도 전철을 타고 집으로 향했다.

봉고차에서 짐을 내리고 있다.

비행기에 탑승하고 있다.

이 기행문을 쓰고 보니 언제나 그러 했지만 특히 이번의 여정은 너무나 생소한 곳이고 사전준비도 없었고 현지에서 자료수집도 불충분하여 어렵게 문장을 엮어야만 했다 기회가 된다면 한 번 더 가서 보완하고픈 심정이다.

답사중 구입 도서목록

1. 新編 中國 高速公路 地圖集 西安地圖 出版社-2013,01, 32元
2. 黑龍江省 地圖册 哈爾濱 地圖出版社-2012.01. 18元
3. 黑河旅遊 黑龍江 美術 出版社-2009.12. 40元
4. 黑龍江歷史 黑龍江人民出版社-2012.06. 38元
5. 黑河史話 黑龍江人民出版社-1997.05. 14元
6. 黑河 簡史 黑龍江人民出版社-1999.07. 24.50元
7. 哈爾濱市 朝鮮族 百年史話 黑龍江人民出版社 -2008.07. 46.80元
8. 黑龍江 中俄關係四百年 中國文聯出版社-1999.12. 16元
9. 東北民族 與疆域論稿 (上) 黑龍江教育出版社-2002.06. 54元
10. 東北民族 與疆域論稿 (下) 黑龍江教育出版社-2002.06. 54元
11. 中國 北疆古代民族政權形成研究 黑龍江教育出版社-2004.03. 59元
12. 訟花江的記憶 黑龍江人民出版社- 100元
13. 安重根和 哈爾濱 黑龍江 朝鮮民族 出版社-2005.03. 80元
15. 哈爾濱 避暑旅遊圖 6元

제 28 차

몽골리아 유적지 답사

2014년 7월 31일부터 8월 6일까지

김석규1945生, 안동립1957生, 김남석1958生, 김세환1930生, 서 승1942生, 김정석1945生, 천소영1946生, 이수한1947生, 최성미1948生, 안종화1961生, 강명자1960生, 김건철1959生 윤명도1956生, 남원호1960生, 이선노1962生, 유병권1960生, 신익재, 윤성구

2013년 7월 31일 (水)에 27차로 중국 흑용강성의 대흥안령大興安嶺 지구의고조선 유적 답사를 다녀온지 꼭 일년만에 28차로 몽골리아에 다녀왔다.

이번 답사여행은 8월 이지만 야간에는 기온이 10° C까지 내려가며 숙박시설이 없어 야영을 수차 하게 되니 침낭 등 이에 대한 준비와 식사 역시 이곳에서 식사재료를 전부 준비하여 가져간다는 것 등 아주 구체적인 내용을 이메일로 전달하며 이에 대하여 대비를 하라는 내용을 받았다. 그러나 나는 야영의 경험도 없지마는 동절기의 등산복으로 내복은 한 벌 가져간 것뿐이다. 막상 야영에 들어가니 침낭이 절대 필요했다. 김남석 사장이 여분으로 가져간 침낭을 주어 야영을 하게 되었는데 늙은이로서 참으로 고맙기 그지없다. 그러나 이번의 답사여행은 80평생에 잊을 수 없는 추억이 되었다. 귀도 먹고 보행의 균형이 좋지 않으며 모든 공동행위에 제대로 보조도 못 맞추니 신세만 잔뜩 지고 말았다.

이번 행사를 위하여 치밀한 계획과 철두철미한 준비로 무려 18명의 대식구를 차질없이 유종의 미를 거둘 수 있게 된 것은 오직 안동립 회장과 김남석 사장의 노고였으며, 또한 현

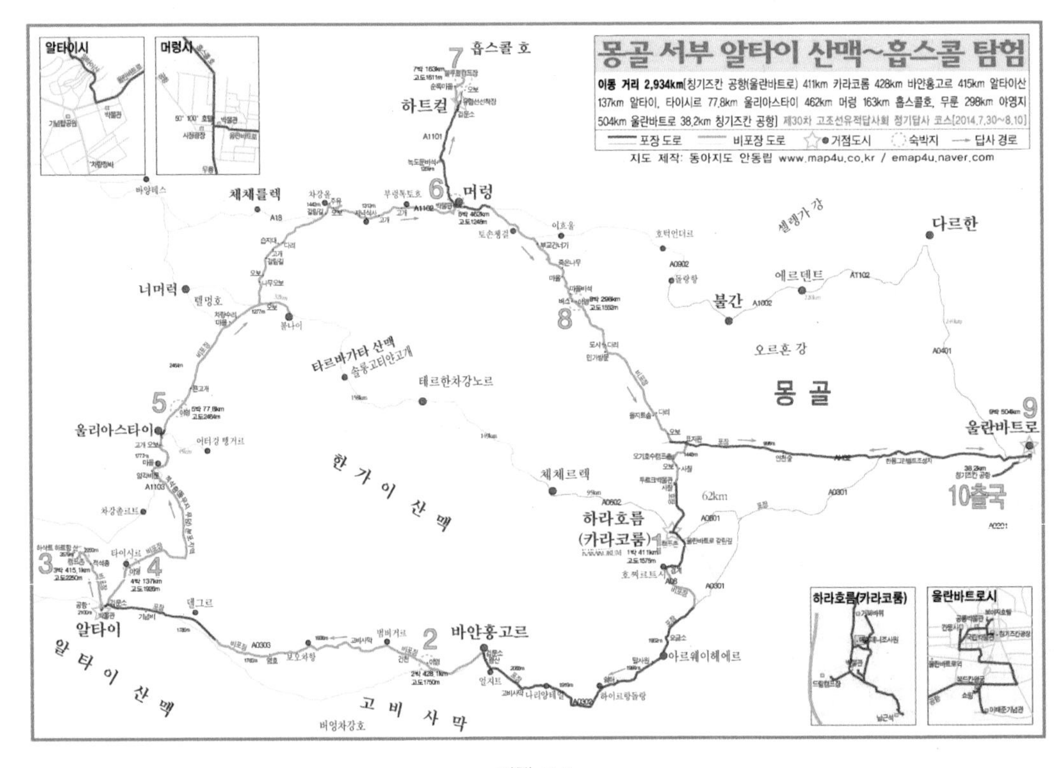

기행 코스

지에서 차질 없이 진행하는 신익재 사장의 수완하며, 그리고 식사 때 마다 우리들의 식사를 준비하신 이여사와 강여사의 봉사에 대하여, 총체적으로 감사의 말씀을 드린다. 그리고 전 회원이 불평없이 협동하는 좋은 분위기로 이 행사를 마친 것에 대하여도 감사를 드린다. 늙은이로서 신세만 잔뜩 졌으니 그저 감사하고 또 감사할 뿐이다.

기행

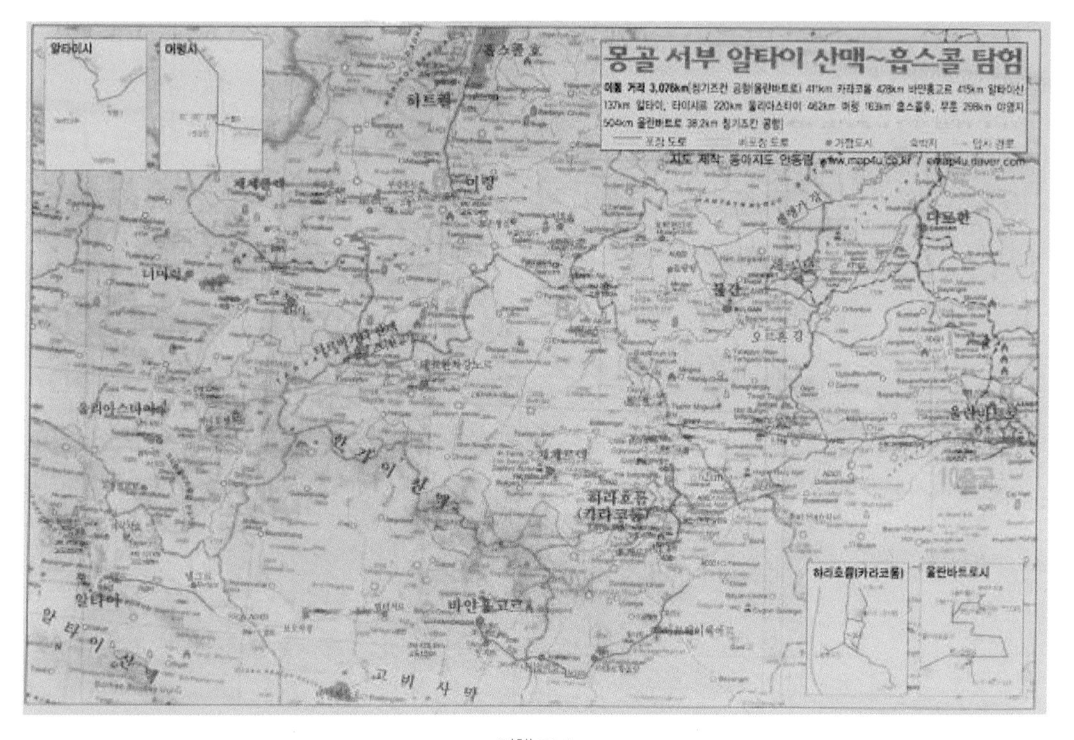

기행 코스

이번 기행코스는 몽골의 수도 울란바트르市에서 西쪽의 알타이市와 北쪽의 홉스콜호를 거치는 몽골국의 중앙부를 순회하여 울란바트르市로 돌라오는 계획이다. 지도에서 보이는 바와 같이 무려 2,844Km의 여정 중 포장도로가 49%인 1,359Km이고, 비포장도로〈정식도로로 건설한 비 포장도로와 넓은 초원을 제멋대로 다닌 비포장도로〉가 51%인 1,485Km 이다. 초원의 비포장도로는 초원의 평원을 제멋대로 여러 갈래의 길을 택하여 편의대로 목적 방향만 향하여 가고 있으니 도로표지가 있을 수가 없다. 포장도로에도 노정표지가 있는데 없는 곳이 더 많다. 그래서 주행거리와는 관계없이 시간으로 여행기록을 할 수 밖에 없다.

1. 2014. 7. 31. 木

16시 15분에 집을 나서서 2호선 홍대입구에서 공항철도로 갈아타고 17시 45분에 인천공항 3층의 출국장 E-카운터에 도착했다. 집합시간 20시보다 2시간 15분이나 일찍 도착한 것이다. 나 다음으로 윤 기자가 도착했고 맨 나중에 김남석 사장이 도착했다. 야영장비와 10일간의 먹을 식품 등 많은 짐을 붙이기 시작하여 22시에 끝내고 22시 20분에 여권심사를 마치고 117탑승장에 셔틀전차를 타고 22시 34분에 도착하여 대기하게 되었다, 비 수도권에서 오신 분들에게 나의 제2 회고록 책 "노을녘의 메아리"을 나누어 드렸다. 23시 30분에 비행기에 탑승했다. 나는 40B석인데 이수한씨와 바꾸어 40A석에 앉아 어둡기 전까지 밖을 보며 관찰했다. 이 비행기는 보잉 B767-300機로 좌석 300석이 꽉 찼다. 23시 50분에 이륙했다. 0시 43분에 받은 식사는 닭고기 밥, 빵과 버터, 과일 수박, 파인애플, 배, 콩과 토마토 등 다양하다. 화이트 와인 2컵과 맥주 1캔으로 1시 30분에 식사가 끝났다. 3시 15분에 착륙했다. 25분에 내려서 4시에 짐을 찾고, 대기하고 있는 승용차내에서 5시부터 6시까지 기다렸다. 알고 보니 승용차 4대에 기사까지 일행 22〈우리일행 18명, 기사 4명〉명이 분승하니 우리들이 10일간 먹을 식재료를 실을 차가 없어 차 한대를 주문하여 우리일행은 승용차 5대와 기사까지 23명이 되었다. 주유소에 와서 6시 6분에 주유를 마쳤다. 이곳은 우리 시간과 1시간 빠른 시차다. 이 기록은 우리 시간으로 하였다.

2. 2014. 8. 1. 金

6시 19분에 우리 일행의 다섯 대의 자동차 행렬이 시작되었다. 승용차는 신사장 자가용만 기아 자동차이고, 4대는 일본국의 미쓰비시의 6인승 차인데 한 대에는 주로 야영장비와 식료품을 싫고 나머지 차에는 3인 내지 6인이 승차하여 일행 23명〈우리 일행 18명과 기사 5명〉과 자동차 5대의 대 행진을 이루고 있다. 95Km지점에서 내려 10분간 휴식을 취하고 떠났다. 133Km지점 휴게소가 있어 내려서 08시 40부터 09시 40분까지 1시간동안 물을 끓여 컵 라면으로 아침식사로 했다.

10시 40분에 200Km지점을 통과했고, 12시 5분에 9504호차 앞 왼쪽 타이어 펑크로 교체하고 25분에 떠났다. 300Km지점에서 45분에 좌측으로 초원가의 비포장도로로 들어갔다. 13시 23분에 올기호수의 유원지에 도착하여 천막을 치고 점심식사를 준비하는 동안 주변을 살펴보니 호수는 넓고 끝없이 펼쳐진 평원이다. 몇 개의 야영 텀이 있다. 이곳은 울란바트르시민의 여름피서지라고 한다. 보트놀이와 수영을 하고 낚시를 하는 휴양지다. 여기서 매트를 하나씩 분배받아 깔고 앉으니 편안하다. 점심식사는 삼겹살 볶음밥이다. 양이 많다. 그러나 맛있게 다 먹었다.

컵라면을 먹기 위하여 물을 끓이고 있다.

말과 운반 자동차

올기호수변 텐트 안에서 점심식사를 준비하고 있다.

호수가에 정차하고 있는 우리 차들

15시 20분에 출발했다. 16시 10분에 투르크 기념박물관에 도착했다. 새로 건설한 것이다. 이곳에서 투르크〈突厥〉비석과 유물이 발견되어 터키에서 박물관을 지었다고 한다.

투르크기념 박물관은 초원 한가운데 덩그러니 서있다.〈E102°49‘0'/, N47°13'16", h=1,331m〉 입장료와 사진 촬영비를 별도로 50,000투그릭을 달라고 하여, 전시장만 둘러보고 나와서 문 입구에 있는 석상만 사진을 찍었다. 그런데 윤기자가 팁을 주고 우리일행 전체사진을 찍었다. 16시 10분에 출발하여 하르호린(Harhorin)군에 있는 불교의 중심지인 엘데네 주(ERDENE ZUU)에 도착했다.

투르크 기념 박물관 입구

투르크 기념 박물관 광장의 각국국기〈터기 기〉

투르크 기념 박물관 전경

투르크 기념 博物館 입구 간판

투르크 기념 박물관내 비석을 배경으로 우리일행

이 사원은 tusheet칸 gombodorj와 그의 왕비 khandjamts의 요청에 의하여 1610년에 건축하였다. 이안에는 3좌의 조상이 있는데, 오른쪽에는 네팔이 달린 Avalokiteshvara 자

ERDENE ZUU 불교 중심지의 간판

ERDENE ZUU 불교 중심지의 정문

ERDENE ZUU는 108불탑으로 둘러쳐져 있다

ERDENE ZUU 불교 중심지의 해설

비보살이다.

중간은 shakyamuri불 젊은 인상의 초상이고. 왼쪽에는 Je tsongkhapa이다. 이 의약불(醫藥佛)은 8형제이다. 참회(懺悔)하는 35명과 다른 부처들은 이절의 인상인 오른쪽 벽에 Je tsongkhapa를 묘사하였고, 그의 제자는 왼쪽 벽에 묘사하였다. 유리선반에 진열한 것은 신선들이다. 금과 구리로 도금하였는데 일부는 나무로 조각한 것이다.

ERDENE ZUU 불교 중심지 경내의 이모저모

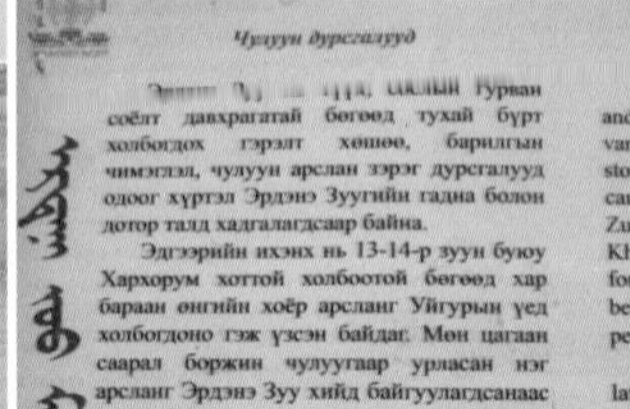

돌 記念物. 解說

돌 기념물 해설

Erdene zuu는 세 가지의 특성을 가진 역사적이고 문화적인 특성으로 설계되어 있다. 그리고 여기에는 여러 가지의 기념비 등이 있다. 이의 내용은 석각 사자, 조각한 비석 그리고 여러 가지의 장식품들이다. 그리고 Erdene zuu의 안팎에서 볼 수가 있다. 이것들은 kharakorum 시대인13~4세기에 이루어진 것이다. 두 개의 검은 석사자는 위글(Uighur) 시대에 만든 것으로 여겨진다. 흰색의 화강암 사자는 19세기말 것으로 본다. Erdene zuu에서는 이들의 기념물들은 여러 가지 용도로 쓰였는데, 노리꾼들의 깃대 꼬지나 지방깃대 꼬지의 진열대, 또는 공물 받침대 등 다용도로 사용하였다.

다라이 라마 사원에서

다라이 라마 사원 해설

1674년에 Tusheet Khan과 Zaya Bandid Luvsan Prenled가 Tibet의 서방사원에 있는 5세 다라이라마에게 진상(進上)한 것이다.

Tsamba가 1675년에 다라이라마 사원은 Erdene zuu 승원(僧院)에 있는 5세 다라이라마에게 헌납(獻納)한 것이다. … Shurgun 울타리 해설

보물 박물관 에서

ERDENE ZUU의 대 불당(Great Assembly Hall)은 Luvsandagvadarjaa에 의하여 1770년에 건립되었다. ERDENE ZUU는 불자들의 교육을 위하여 6個로 분류된 학교이다. 모든 학교의 라마승들은 찬송대원과 기도자와 더불어 대 불당을 활용하고 있다.

khokh사원

에르덴쥬 사원 활불

Edene zuu 단지 내에서 가장 오래된 寺院이다. Khokh사원은 몽고가 청색과 전통의 상징적인 말이 정해진 뒤에 붙여진 이름이다. 연구진은 Abtai왕이 역사에서 언급한 것을 실현화 한 것이라고 보는 것이다. Takhai 유지 터는 Erdene zuu가 설립되기 전부터 신성한 곳으로 여겨진 곳이다. 이사원은 14세기부터 16세기 사이에 축조되었으며, kharakorum이 망하기 전부터 있던 자재를 사용한 것이다.

The Khokh Temple

Believed to be the oldest temple within the Erdene Zuu complex, the Khokh Temple is named after the Mongolian word for 'blue' or 'old'. Researchers relieve that the temple is the one referred to in the history of King Abtai, in which deities were kept before the founding of Erdene Zuu upon the site of a Takhai ruin.

The temple was built between the fourteenth and sixteenth centuries, using material from the ruined Kharakorum.

Altan Suvarga /The Golden Stupa/

Dagvadarjaa established this stupa in 1799, dedicating it to the 25th birth anniversary of the fourth Jebtsundamba Khutugt in 1799. Approximately 8 meters high, Altan Suvarga is a Bodhi stupa, and is surrounded by eight small stupas.

It is believed to contain original relics and was not badly harmed during the Communist purges.

Altan suvarga/The Golden Stupa

dagavadarjaa는 1799년에 Stupa를 확정했다. 1799년이 제4대 Jebtsundamba khutugt의 탄생 25주년에 헌납한 것이다. 약 8m 높이이고, Altan suvarga Bodhistupa 이고, 8개의 작은 Stupa로 둘러싸여 있다.

이것은 진짜 유물로서, 공산당의 정화(淨化) 때에도 손상을 입지 않았다.

The Temple of Janraisig (Avalokiteshvara)

This temple was established in 1803 by Dagvadarjaa, the Seventh Tsorj Lama of Erdene Zuu.

365 offerings were made here each year to Mahakala. Janraisig is the wrathful emanation of the Makahala.

The Temple of Laviran

Dagvadarjaa established this temple in 1784, incorporating three previous temple he had previously built: those of Mahakala, Manal, and Panjara Mahakala. Today it is the main temple used for chanting.

It was originally named after Mahakala, but was renamed after the visit of the fourth Jebtsundamba Khutugt. The two chotgon, or offering temples, the front of the temple, were built in 1792.

Janraisig 사원 (관세음)

이 사원은 Erdene zuu의 일곱 번째 Tsorj 라마인 Dagvadarjaad에 의하여 1803년에 설립되었다. 365 공물은 매년 Mahakala에 받치는 것으로 하였으며, Janraisig이 Mkahala의 감화력에 의하여 시작된 것이다.

laviran의 사원

Dagvadarjaa는 1784년에 이절을 건립하였는데, 이미 있었던 세 개의 절을 統합한 것이다. 이 세 개의 절은 Mahakala와, Manal 및 Panjara Mahakala이다.

지금은 찬송가를 제창하는 주 사원으로 사용하고 있다.

이는 원래 Mahakala의 이름을 따서 명명되었지만, 넷째 jebtsundamba의khutugt의 방문 후 이름이 바뀌었다. 두 개의 chotgon 또는 헌납사원(獻納寺院)과 사원의 전면은 1792년 건설하였다.

18시 30분 출발하여 카라코롬 박물관에 52분에 도착했다.

카라코름에서 도로공사 중 A.D.731년에 세운 돌궐문자비와 A.D.734년에 세운 당나라 문자비가 발견되어 카라코롬의 위치를 찾았다고 한다. 칭키스칸의 아들 오고타이가 1228~1238년간에 카라코롬의 수도를 건설하였다. 울란바트르 로 수도를 옮긴 후에 폐허가 되었다고 한다.

카라코롬 박물관

19시 13분 출발하여 17분에 도착한 곳이 남근(男根) 조각품이 있는 곳이다.

앞에서 본 것

뒤에서 본 것

19시 31분에 발차하여 도중에 주유하고 슈퍼마켓에 들려서 물건을 사고, 오레혼(Orhon) 강가에 있는 Dream Land 광장에 20시 13분에 도착했다.

게르에 20시 30분에 들어갔다. 4대의 침대에 서승 원장, 최성미 원장, 강명자 여사와 넷이서 사용하기로 했다. 우선 카메라의 배터리 충전을 장치하고 난로에 불을 지폈다. 저녁식사는 국과 밥으로 했다. 이 Dream Land의 중앙부에는 2층 건물이 있으며, 사무실 겸 숙소로 쓰는 것 같고 우리들이 쉬는 남쪽에는 10채의 게르가 있고 북측에는 20여 채도 넘는 것 같다. 수세식 공동화장실과 세면대가 있고 샤워장도 별도로 있다. 이곳은 강변으로 휴양에 적합하며 관광객의 숙소로 운영되는 것 같다. 잠깐 소나기 한 줄기가 지나가니 서산에는 초생 달이 떠있다.

우리 팀이 투숙한 게르

우리가 쉰 게르 내부

게르의 천장, 언통(煙筒)과 자연 조명과 창

저녁식사를 준비하는 광경

Dream Land 중앙부의 건물

북쪽의 게르 촌

3. 2014. 8. 2. 土

06시 30분에 일어났다. 불을 피우고 빵을 먹었다. 약간 한기가 있다. 카메라 Battery 2개와 보청기 Battery를 충전했다. 08시 30분에 아침식사를 마치고 09시 30분에 광장에 모였다. 申 사장이 오늘 일정의 브리핑을 지도를 가지고 설명했다.

申 사장과 金 총무님의 오늘의 일정 설명을 청취하고 이다.

10시 5분에 출발하여 도중 420Km 지점에 석산근처에 인위적인 것 같은 석물배열이 많다. 428Km인 Arwai Kheer(아르웨이 헤에르)시에 도착했다. 14시 24분에 Arwai Kheer

Palace Hotel에서 점심을 먹었다. 말고기와 양고기의 찐만두와 군만두다. 여기의 식당들은 물을 주지 않는다. 음료는 사먹으라는 것이다. 점심값은 申 사장이 지불했다. 16시 20분 출발하여 주유소에서 기름 넣고 16시 36분에 아르웨이 헤에르 경계의 고개 Gate 옆 광장에 도착하여 용변도 보고 申 사장 일행을 기다렸다. 16시 55분에 합류하여 출발했다.

아르웨이 헤에르 경계 아치와 성황당(城隍堂)

18시 20분에 말〈馬〉사원(寺院) 기념물 광장에 도착했다.

말 무덤과 말에 관한 기념 물

말에 대한 여러 가지 해설이 있으나 번역을 못했다.

18시 55분에 출발하였다.

19시 50분에 바얀홍고루 경계Gate 옆에 하차하여 용변도 보고 허리도 펴고 기지개도 펴보고 55분에 발차하여, 20시 20분에 주유하고 옆에 있는 Super Market에 들려 물건을 사고 20시 28분 에 출발했다.

바얀홍고루 경계 Gate

21시 40분인데 아직 해가 안지고 있다. 22시 10분에 첫 야영장으로 자리를 잡고 텐트를 치면서 한 편에서는 저녁식사 준비를 한다. 컵라면으로 저녁식사를 때우고 23시에 잠자리에 들었다. 메트에 千 선생이 공기를 넣어 부풀러주셔서 깔으니 푹신하고 좋다. 나의 형편을 본 김남석 사장이 여벌로 가져온 파카와 침낭을 주셔서 참으로 고맙게 잘 잤다.

21시40분이 넘었는데 곧 해가 질 거다.

해가 진 西天은 구름 밑이 하얗다.

야영장의 텐트

저녁 식사하는 우리 일행

4. 2014. 8. 3. 日

06시 30분에 일어났다. 아침식사는 빵과 미수가루로 때우고 08시 40분에 출발했다. 서향으로 달리는데 청천에 지평선이다. 그 넓은 들에 작은 흰 꽃은 야생野生 부추라고 한다.

희끗 희끗 하게 보이는 것은 야생 부추 꽃이다.

끝이 없으니 안보이지, 아마 고비 사막!

환담을 나누며 멋진 포스도 취해본다.

염소에게 물을 먹이고 있다.

개울가의 염소 떼

11시 45분에 구릉의 탑 앞에서 내렸다. 야외 취사장에서 점심을 먹기로 한 것이다.

보오창 고개 마루에 있는 석탑

점심 식사준비와 소주 한잔 곁 드린 점심식사

14시 20분에 출발하여 15시 20분에 염수鹽水 호반에 도착했다. 호수가에 흰 소금이 있다. 물맛은 안 보았지만 이의 의문疑問은 풀지 못하고 떠났다

15시 40분에 출발하여 16시 50분에 새로 건설한 아스팔트길에 들어섰다. 저 멀리 南쪽으로 평원, 저 쪽에 준령峻嶺이 가로막고 있다.

염수 호

고비사막 넘어 보이는 알타이 산맥

여기서 쉬었다가 17시 6분에 출발 했다. 주변의 풀밭은 막 자란 부추와 쇠비름이 자라고 있다. 아스팔트길은 2차선으로 중앙의 백선이 선명하다. 노면시공이 잘되어 진동이 없다. 도로 노정 표지를 158로 보았는데 한참 오다보니 272〈어디 기점인지 모름〉로 바뀌었다. 이 표지가 맞나보다. 카메라 Battery가 다 되어 사진이 불가하다. 평원의 도로로서 완전히 직선이다. 도로를 건설하면서 주변 들판을 정리한 흔적이 보인다. 평원의 정리이용이 되어야 할 것으로 본다. 도로 변의 가이드는 없으나 특수 풀〈우리의 쑥 같은 풀〉로 조경을 하였는데 전 구간이 되어 있지 않다. 처음에는 시속 80Km로 달리더니 100km로 달리고 있다. 18시 7분 알타이市 입구의 주유소에서 기름을 넣고 기사 신분검문을 30분에 마치고 알타이 시내를 지나 달리고 있다. 점점 험한 계곡으로 접어든다. 21시 40분에 해는 졌는데 구름과 높은 산에는 해가 안 졌다. 길은 계속 돌길뿐이다, 구릉 고개를 넘고 넘어 가파른 고개를 올라간다.

알타이山에 오르면서

青天하늘에 흰 구름 뜨니 더욱 희기만 하구나
심술궂은 먹구름 해를 가리니 그 햇살 더욱 세구나
그 사이로 강열한 햇살이 草原 민둥山을 비치니
그 구능 곡선이 더욱 선명하게 누렇게 보인다.
이 丘陵에 올라서서 두 팔을 뻗으면 야트막하게
떠 있는 흰 구름이 손에 잡힐 뜻 하여라
이것이 바로 알타이山의 자연의 조화로구나.

이 경관 사진을 못 찍는 것이 안타까워서 몇 줄 적어본 것이다.

45° 고개 길을 겨우 올라 22시에 고개 마루에 이르니 7795-УБД 차가 Over heat 하여 식히고 있다. 모두 차에서 내려 심호흡을 하면서 쉬고 있다. 서쪽에서 불어오는 바람이 제법 차다. 바로 산위에 뜬 구름은 석양의 노을이 붉게 물들이고 있다. 우리를 환영하는 징조는 아닐까. 한 참 쉬고, 또 45° 경사 길을 내려가서 좁은 협곡에 닦아놓은 주차장에 들어가니 우리일행 차로 꽉 찼다. 산비탈에 지어 놓은 2층 건물에 22시 25분에 숙소로 지정된 방

에 들어가니 천정에는 30W짜리 전구는 매달려 있으나 전기가 안 들어오니 양초 2개를 갖다 주어 불을 밝혔다. 11坪남짓 한 방에 침대 7대가 벽 쪽으로 배치되어 있다. 전기불은 없어도 야영캠프보다는 낫다. 저녁식사는 식빵으로 버터와 딸기 짬으로 때우고 나니 0시가 넘었다.

5. 2014. 8. 4. 月

07시에 일어났다. 09시에 아침식사로 컵라면을 먹었다. 하늘만 뚫려있는 협곡이다. 평지라고는 없다. 산비탈을 까까서 만든 집터와 주차장이 있다, 산은 높고 아주 험상 굳게 생겼다. 아무리 좋게 보려고 해도 표적이 없다. 다만 실개천의 위족에 신비로운 곳이 있어 방문객이 붐빈단다. 아뿔싸, 용변기가 있다. 8-90여m나 멀리 산비탈에 있는 야외화장실을 찾아 비탈 외솔 길을 부지런히 찾아가 겨우 화장실 문턱에 이르렀으나 한 발짝을 못 참아 그만 설사를 하고 말았다. 한참 쩔쩔매고 있는 데 마침 안동립 회장이 보시고 金 사장과 申 사장에 연락하여 물 한통을 가져다가 씻게 되고, 金 사장이 주시는 하의 등을 갈아입으니 위기를 모면하여 천만다행인데, 80평생에 이런 망신을 하게 되었으니 모두 볼 낯이 없다. 10시 30분에 일행은 위쪽계곡의 동굴과 샘을 보기위하여 떠났으나 나는 기운이 없고 사진도 찍을 수가 없어〈카메라 Battery 전원 없음〉 주차장에서 쉬기로 했다.

12시 30분에 모두 내려왔다. 험상궂게 솟은 암벽위의 하늘은 구름 한 점 없다. 12시 51분에 30°정도되는 경사 비탈 풀밭을 올라 하삭트 헤르랑 산봉우리 바로 밑 평지까지 올라갔다. 안회장에 의하면 해발2,522m이며 알타이산세에 속한다고한다. 주변에는 야영가족들의 텐트가 여러 개 있다.

이곳에도 아주적은 20mm정도의 메뚜기가 있으며, 12mm정도의 개미는 유난히 까맣게 반짝인다.

정상의 바위에 앉아서

정상에서 일동.

용호 상박 문양입니다.

한 아름 반 정도의 큰 소나무가 있는데 솔잎은 기리가 3~4Cm 정도로 짧으며, 10개가 넘는데 부드럽다. 묵은 솔방울 1개와 덜 여문 솔방울 2개를 땄다. 걸어서 정상의 검은 뾰족한 바위에 올라가 앉으니 尹 기자가 사진을 찍어 주었고, 단체사진도 찍었다. 깨어진 바위 조각에 새겨진 흰색 문양이 이상하여 두 개를 수습했다. 정상에서 내려와 평평한 초원에 있는 한 게르(Ger)에 들렀다. 일행이 모두 들어가 주인과 대화를 나누고 있다. 마유馬油도 한잔씩 마시고 과자 같은 것의 대접을 받았다. 생전 처음 마유를 마셨는데 입에 멎지 않는다.

김석규 회장이 사례금을 주었다. 게르 밖에는 수신용 위성 안테나와 태양전지가 설치되어 있으며 현대 문명을 감상하며 살고 있다.

각자 감상 평가해보라!
무엇 같은가?

정상인데도 게르를 옮겨 놓고 목축을.

알타이 산을 배경으로.

여기의 암석巖石은 검정색의 경질硬質이다 자연스런 희 문양紋樣이 관심을 끈다. 그래서 몇 개의 파석편破石片을 수습했다.

14시 10분에 밑에 있는 주차장으로 다시 내려와서 점심준비를 하는 마당으로 갔다. 마당 가운데는 장작불을 집혀놓고 용기에 염소고기를 다리고 있고, 그 옆에서 우리 일행이 먹을 염소를 통째로 끄스르고 있다. 동리사람들이 와서 구경을 하고 있다. 그 사람들 중에 양복 정장을 한 노신사가 있는데 나에게 접근하며 Korea, Korea라고 한다. 나는 Yes, I come from Seoul 하니까 웃으며 Seoul, Seoul 하며 호감을 나타낸다. 우리 둘은 늙은이로서 친근할 수 있는 동료이나 말과 글이 안 통한다. 내가 연구하고 있는 인류문자의 창안이 시급함을 절감하게 되었다.

머리가 없는 염소를 빙빙 돌리며 토치램프로 털을 끄스르며 굽고 있는 것이다. 아마 한 시간 이상 걸린 것 같다. 다 끄스르고 고기가 익었는지 염소 몸통은 둥그렇게 뚱뚱해졌다. 양동이에 물을 떠다 부우면서 철수세미로 닦으니 누르스름한 고기 덩어리로 바뀌었다. 큼지

막한 주전자를 밑에 대고 칼로 배를 가르니 염소 뱃속의 진국을 한 주전자 받았다. 내 생애 처음 보는 염소 요리하는 것을 구경했다.

이 광경을 보고 있던 老 신사는 양제기로 염소 진국을 떠다가 나를 주며 마시란다. 그러면서 주먹 팔를 불끈 세워 보인다. 말하자면 양기에 좋다는 의사표시다. 말이 안 통하니 행동으로 무언의 의사를 소통하는 것이다. 뜨겁기는 하나 천천히 다 마셨다. 맛이 있다. 또 염소 고기를 몇 점 가져와서 먹으란다. 그리고 염소 뱃속에 넣어 다린 어린아이 주먹만 한 돌을 한 개 갖다 주며 만지란다. 뜨거워서 두 손으로 번가라 만지면서 시켰다. 이것 역시 양기에 좋다는 표시를 한다. 이와 같이 정성어린 대접을 받고 보니 너무나 감사한데 보답할 것이 없어 나의 명함을 주었다. 보아도 모르고 읽지도 못한다. 다만 나의 명함을 받은 것을 고맙게 여기면서 자기 옷깃에 꽂혀있는 빼지를 뽑아서 나의 옷깃에 달아준다. 나도 이것이 고급품 같은데 의미를 알 수가 없다.

짧은 시간에 맛난 국제간의 두 늙은이가 얼마 남지 않은 인생의 무상함을 느끼며 다시는 못 만날 이국의 늙은이가 마지막으로 포용하며 두 손으로 등을 두드렸다. 다시 손을 잡고 흔들면서 석별을 할 수밖에 없었다. 申 사장에게 와서 물어보니 몽골國의 노인기장이라고 한다. 너무나 감사하다.

염소를 통째로 터지 램프로 털을 끄스르고 있다.

고기를 분배하고 있다.

맛있게 먹는 우리일행

염소배속에서 다린 돌〈실물 크기〉

몽골의 노인의 기장

패용 사진

염소고기로 점심을 하고 16시 50분에 출발하였다. 80° 경사 비탈에도 염소를 방목하여 풀을 뜯고 있다. 파열破裂 성性 석질石質의 山이 보인다. 언덕을 넘어 도시가 멀리 보이는데, 21시 13분에 하차하여 묘지를 살펴보고 21분에 출발했다. 약간 비탈진 묘역은 좀 고급스럽고, 평지의 묘는 모두 평장이며 비석이 서 있으나 빈약한 치산治山이다. 전부 동향이다 왜 동향으로 하였을까 의문스럽다.

모두 평장이며 전부 동향이다.

19시 30분에 박물관에 도착하여 관람은 하였는데 사진은 못 찍고 책도 1권밖에 없어 申사장이 사고 서울에서 복사하여 나누기로 했다. 20시에 발차하여 어떤 사찰앞에 20시 5분에 도착했다. 이 사찰에 올라가는 계단은 7, 39, 15로 되어 있다. 기수인데 관심을 갖게 된다. 20시 23분에 발차하였다. 도중 주유소에서 주유하고 21시 30분에 2차선 아스팔트길에 진입했다. 가이드 레일도 있고 시속90Km로 달린다. 35분에 비포장도로〈草原길〉로 접어들면서 시속60Km로 달린다. 21시 48분에 해가 졌다. 22시 29분에 야영장에 도착했다. 북위 47°, 구름 한 점 없는 서쪽 하늘에는 반달이 떠있다. 이 야영지는 하천의 교량 윗 쪽의 건천乾川 섬이다. 모두 바쁘게 텐트를 치고 저녁식사를 준비하여 24시에 식사는 국과 밥으로 잘 먹었다.

이동하는 우리 차량 5대 행열

야영하는 우리일행

6. 2014. 8. 5. 火

07시에 일어났다. 어제보다 춥다. 아침식사는 누룽지 죽과 컵라면이다. 출발 전까지 건천 돌밭에서 돌 3개를 주었다. 마음에 드는 돌은 많으나 가져올 수가 없고 과연 통관이 될 것이냐가 걱정이 되었다 09시 30분에 출발했다. 간식으로 임실 최원장이 주신 건 사과와 누룽지를 먹고, 姜 여사가 타 주는 커피를 마시며 계속달리고 있다. 초원은 끝이 없고 초지구릉과 능선은 유연하고 풍만하다.

무엇 같은가.〈앞과 뒤〉

무엇 같은가.〈앞과 뒤〉

전면이 잘 갈려진 돌인데 용도는?

광활한 들에 군데 군대 방목하는 목축들의 한 무리가 수백 마리씩 되는 것 같다.

무진장초원이 방목의 먹이로 먹고도 남고 남으니 목축을 더욱 더 장려하여야 할 것이다.

우리가 탄차의 뒤 오른쪽 바퀴가 펑크 나서 교체하고 14시 3분에 떠났다.

15시 45분에 우리는 Tsagaan khairkhana 마을 가게 집 마당에서 점심식사를 지어 먹었다. Battery를 충전하였는데 잘못 맞추어 충전을 실패하였다.

18시 25분에 고갯마루 성황당에 내려 쉬게 되었다. 여기는 비둘기가 10여 마리가 있다. 우리나라 쑥 입과 같아서 가까이 가서 살펴보니 줄기에 흰털이 있어 만져보니 털이 아니고 일종의 가시인데 찔린 곳이 꼭 가시가 박힌 것 같이 아프다. 문질러서 풀었다. 다람쥐가 왔다 갔다 한다. 꼬리가 복스럽지 않고 무늬가 없고 밋밋하다 사진을 못 찍으니 안타깝다. 까치는 한 마리씩이며 드물다. 19시 12분에 출발하여 도중에서 주유하고 21시 10분에 울리아스타이시 야영장에 도착했다.

7. 2014. 8. 6. 水

07시에 기상했다, 날씨가 음산하다. 08시에 식사 완료하고, 말똥 불을 피워놓고 쪼이며 담소하면서 우리는 쓰레기를 철두철미하게 소각시켰다. 우리가 지나간 흔적을 깨끗이 하고 가는 것이다. 09시 13분에 출발했다. 화물자동차가 지나간다. 목재를 실은 차다. 통나무로 지은 집들이 많다. 2륜차도 있으며 트레일러를 견인한 트럭도 있다. 09시 53분 고개 마루의 성황당에 도착하여 내렸다가. 10시 5분에 출발했다. 10시 59분에 들판 가운데에서 申사장 차의 펑크로 인해 차륜을 바꾸게 되었다.

모두 내려서 주변을 둘러보고 있는데, 길에서 3~4m 지점에 새끼 매 한 마리가 웅크리고 있다. 근처 30여 미터 떨어져 있는 송전탑에 매가 둥지를 틀고 새끼를 부화해서 키우고 있는 모양이다. 아직 날지를 못 하는 새끼가 떨어져 있는 것이다. 눈만 껌벅이고 있다. 姜여사가 새끼 매를 끓어 안으니 사진을 찍는다. 어떻게 공론이 돌았는지 새끼 매를 제 둥지로 갖다 놓기로 의견이 모아진 모양이다. 4명의 기사〈바퀴 교환작업 기사 제외〉가 철탑으로 올라가 둥지 밑까지 4 단계로 릴레이식으로 매 새끼를 제 둥지에 올려놓았다. 참으로 잘한 짓이다. 몽골인의 자연 사랑과 자선 정신을 높이 평가할만하다.

매 새끼를 안고 있는 姜 여사

매 둥지에 올려놓은 기사(技士)

제 둥지에 돌아온 매 새끼

운행도중 수차례의 정차 휴식을 취하면서 14시 25분에 야영 휴게소에서 점심을 먹고 15시 8분에 출발했다. 방금 지나온 초원은 지금까지 보던 초원보다 아주평탄하고 토질도 좋고 풀도 여린 것이 전 들판이 같다. 개간하여 곡식을 심으면 잘될 것 같다. 시속 4~50Km로 한 시간을 달렸으니 약 백리가 넘는 들판이다.

21시 40분 머렁시 시내에 있는 식당에 도착하여 22시 50분에 저녁식사를 완료했다. 23시에 50° 100° 호텔 306호실에 서 승 원장과 투숙했다. 이곳이 북위 50° 이고 동경 100° 가 되는 곳이라 호텔 이름이 지어진 것이다. 호텔은 새로 지어 깨끗하고 침대는 2인용과 3인용이다. 텔레비전은 벽 거리이며, 전기콘센트가 쌍으로 다섯 곳이니 전부 10곳이 있다. 카메라 Battery와 핸드 폰 Battery를 충전하고, 샤워를 하고 잤다.

8. 2014. 8. 7. 木

07시 50분에 일러났다. 며칠 만에 푹 잘 잤다. 아침식사는 호텔에서 빵과 버터 계란 후라이 등으로 09시 30분에 마치고, 10시 35분에 Check Out하고, 10시 50분에 오늘일정의 브리핑을 듣고, 11시 12분에 출발했다. 도시미화는 정비 중이고 체육관이 있다. 16분에 Library앞에 도착했다.

정원에 있는 석상과 사진을 찍는다. 이 석상은 화강암으로 조각한 것 같은데 자세히 보니 시멘트로 만들고 모래를 입혔다. 멋진 기법이다. 여기의 고도는 해발 1,248m라고 安회장이 일러준다.

도서관 건물

정원에 있는 석상(기사(技士)와 같이)

이하 내부 진열 품

해금

사 슴

조 류

양

뿔 사슴

머렁시의 원경

홉스골 호수주변 지도

12시 25분에 출발하여 시 교외에서 쉬었다가 13시 40분에 홉스콜호를 향하여 출발했다. 여기서는 2차선으로 시속 80~90Km로 달린다. 건천이 많은데, 건천에는 교량이 아니고 하상에 따라 전폭(全幅)을 시멘트 Block으로 시공되어 있다. 왜 그렇게 시공 하였을까? 만약에 동상이 일어나면 그 부분만 보수하기 위한 것이란다. 15시 11분에 호수선착광장에 도착했다. 주변을 두루 구경했다.

16시에 승선했다. 고동을 울리며 16시 25분에 출발하여 넓은 호수를 북상한다. 선내 삼층까지 관광객으로 분빈다. 맥주와 건어구이를 사서 마시고 먹고 있다. 좌우의 삼림과 즐비한 게르式 콘도 등 경관을 구경하며 사진을 찍기가 바쁘다. 노래도 하고 어깨잡고 어울리며 즐거운 분위기다. 이국인도 여러 명이 섞여있다. 섬도 하나 보인다. 35분 만에 회항하니 왕복 70분이 소요되었다.

홉스콜 호의 부두

우리가 탄 배

선장실

선장.

아는 분이 있는지 …

노래하는 부 선장〈뚱뚱이 女子〉

선수에 모여 있는 승객

멀리서 본 선창

유일한 섬

北쪽을 바라보며

17시 55분에 출발하여 홈스콜湖의 서안도로를 따라 가고 있다. 18시 35분에 도중 난장亂場시장에 들렀다.

귀한 뿔을 가진 두 마리의 사슴이 죽은 듯이 엎드려 있다. 왜? 이유는 모르겠다.
아마 사람들이 귀한 내 뿔인데, 너무 자주 구경거리로 끌고 다는 것이 귀찮으니까 그냥 엎드려 있는 것이 아닌지?

묘한 뿔을 가지고 있는데 사람이 보기에는 멋진데 사슴자신은 무겁고 거창하니 건사하기가 힘들 것 같다. 모두 기념사진을 찍는다. 나도 기념사진을 찍었다. 생 약초장사도 있고 장식품을 파는 상판도 있고 여러 잡화상들이 있다.

모두 사슴과 같이 기념사진

여러 가지 약초

여러 가지 잡화

시장 전경

19시 3분에 출발하여 19시 16분에 포구에서 약 20Km 지점인 Blue Pearl Ger Camp장 앞 광장에 도착했다. 야크가 많이 눈에 뜨인다. 이 연변(沿邊)은 콘도와 게르 캠프뿐인 것 같다.

218호 게르에 千 선생과 金 사장과 셋이서 들었다. 중앙 침대는 2인 용으로 한 게르당 4 인용이다. 난로에 불을 피워 훈훈한 게 참 좋다. 나는 캠프사무실에 가서 카메라의 Battery 충전을 부탁하고 2시간 후에 다른 Battery충전을 부탁했다. 23시에 저녁식사를 마치고 잠자리에 들렀다.

우리가 투숙한 Blue Pearl Ger Camp장 전경. 몽골기, 영국, 불란서, 한국, 이스라엘, 독일의 6개국기가 걸려있는데 우리가 가서인지 태극기만 펄럭인다.

9. 2014. 8. 8. 金

07시 40분에 기상했다. 08시에 충전한 Battery를 찾아왔다. 10시 15분에 아침식사를 마쳤다. 申사장의 오늘의 일정브리핑을 받고 11시에 출발하였다 이곳은 낙엽송림 지대다. 아름드리로 무성하다. 이 나무들이 통나무집 재료로 쓰이나보다. 10시 52분에 어느 마을에 도착하여 기사들의 아침식사를 하는 동안에 주변을 살펴보았다.

申사장과 金사장의 브리핑

기사들의 아침식사

광장에 설치된?

광장에 있는 삼각 탑

삼각탑 삼면에 쓰여 있는 기명 무슨 뜻인지!?

슈퍼마켓의 외관

주류 진열장을 살펴보는

야채류....

컵 면류...

음료수류 진열장

통조림 류....

계산대

정육코너

12시 40분에 출발했다. 2차선으로 시속90Km로 달린다. 제한속도50k/h 표지판이 있다. 도로표지가 제대로 되어있지 않다. 13시 22분에 초원의 비포장도로로 접어들었다. 13시 28분에 에르힐〈Eruhiri〉호수변의 초원에 정차했다. 어느 때의 유적지인지 모르나 비면이 마모된 비석과 돌무덤이있다.

무명의 석비 들

녹도문 비석〈앞〉 〈뒤〉

돌무덤 들

발굴하다가 중단!

우리 일행의 기념사진

호수와 초원

주변의 민둥산

13시 51분에 출발하여 초원 다른 길로 와서 14시에 2차선에 진입하여 도중에 주유하고 15시 25분에 떠났다. 소나기 한줄기가 지나갔다. 2차선의 상태가 좋아 시속90Km로 달린다. 17시 37분에 배 4척을 연결하여 놓은 Dalgayn부교를 도강료를 지불하고 건넜다, 17시 40분에 강변에 내려 쉬게 되었는데, 나는 여기서 잘 마모된 돌 3개를 수습했다. 마음에 드는 돌이 너무나 많다.

미지의 강변에서 수습한 돌 〈용도는 무엇이었을까?〉

14시 14분에 출발하여 고개를 넘고 넓어 들을 지나고 지나 19시에 어떤 호석묘역護石墓域에 도착했다.

호석의 수가 5개부터 7개 또는 다석으로 되어 있다.〈이것은 개인 묘 같다.〉

큰 호석 묘 〈약 30m x 24m〉

작은 호석 묘는 〈약 20m x 18m〉

중앙적석과 사방호석으로 된 묘가 2기가 있다. 큰 것은 51보와 41보이고, 작은 것은 33보와 30보다. 나의 보폭이 60Cm이니까 계산하면 큰 묘역은 30.6m x 24.6m 정도이고, 작은 묘역은 19.8m x 18m 정도의 묘로 볼 수 있다. 어느 시대인지는 모르겠으나 큰 묘로서 지배자의 묘였을 것이다.

20시 48분에 출발하여 야영장에 21시 42분에 도착하여 저녁식사는 23시에 완료하고, 23시 30분에 취침했다.

10. 2014. 8. 9. 土

06시 40분에 기상 07시 30분에 아침식사를 완료했다. 야영이 끝났으므로 불필요한 것은 모두 태웠다. 07시 40분 오늘의 일정 브리핑을 듣고 해단解團 파이팅을 외치고 07시 50분에 출발했다. 08시 33분에 40cm깊이의 물을 건너 다음 차들이 건너올 때 까지 기다렸다.

고개 길인데 노면에 돌이 깔려 고르지 않다. 온 천지가 돌〈巖石〉뿐이다. 길 가에서 어느 부부가 쉬고있다. 그런데 길이없는 초원을 가로질러 쏜살같이 간다.

오늘의 일정 브리핑 듣고 해단 파이팅

초원에 사는 다정한 어느부부의모습

점심먹은 식당

마을의 공중화장실

09시 26분에 고개에서 내려서 쉬고 40분에 발차하여 평원을 지나 민등 고개를 넘고 넘으며 양떼와 염소 떼의 사진을 찍고 12시 30분에 Uubulan 마을에 있는 식당에 도착했다. 점심은 만두류와 컵라면 등으로 했다.

도로 노정 표지

식당을 13시 45분에 출발하여 아스팔트길로 들어섰다. 시속 80Km, 100km, 125km까지 달린다. 상대방에서 오는 차도 없다. 도로 노정표는 높이 180cm 말뚝 위쪽에 15cm×20cm판으로 양방향으로 표기되어 있는데 속도제한 50km이상에서는 읽을 수가 없을 것이다. 15시 42분에 길도 아닌 풀밭으로 한 100m 들어가서 48분에 정차 한 곳이 촉타이지의 "하르발가스" 유적의 잔해가 남아 있는 곳이다. 어떤 표지나 해설문이 없으니 무엇인지 알 수가 없다.

촉타이지의 '하르발가스' 유적

16시 9분에 발차하여, 곧 아스팔트길로 들어서서 시속 80km로 달린다. 소는 기적을 울려야 비키고, 16시가 넘었는데 말 10여 마리가 서로 머리를 맞대고 있는데 무엇을하는 짓일까? 중앙차선이 있는 4차선에 들어오니 차의 왕래도 분빈다. 19시 40분에 우란바트르 시가지에 들어왔다. 엄청나게 분빈다.

우란바트르 시가지

우란바트르 중심가의 꽃밭.

우란바트르 상징탑

우리가 투숙한 Hotel

千선생의 강의장면

20시에 Voyage Plus Hotel 405호실에 徐원장과 같이 투숙했다.

21시에 무지개 식당에서 千선생님의 '한국어의 뿌리를 찾아서' 제하의 강의를 40분간 경청했다. 반주를 곁들인 식사는 맛있다. 22시 40분에 저녁 식사를 마치고 호텔에 오니 22시 50분이다.

11. 2014. 8. 10. 日

06시 50분에 기상, 08시에 호텔식당에서 간략한 아침식사를 마치고 09시 25분에 호텔 출발 35분에 수흐바트르 광장에 도착〈2010.06. 제24차 유적답사 때에 온 곳〉하여 주변의 경관을 사진 찍었다. 특히 수흐바트르像을 여러 각도에서 사진을 찍어 보았다.

사방에서 본 수흐바트드像

정부 청사 중앙 정면

칭기즈칸像

정부 청사

몽골 국립박물관

몽골 국립박물관 광장의 녹도문양 입석

몽골 국립박물관 광장의 몽골 鐘

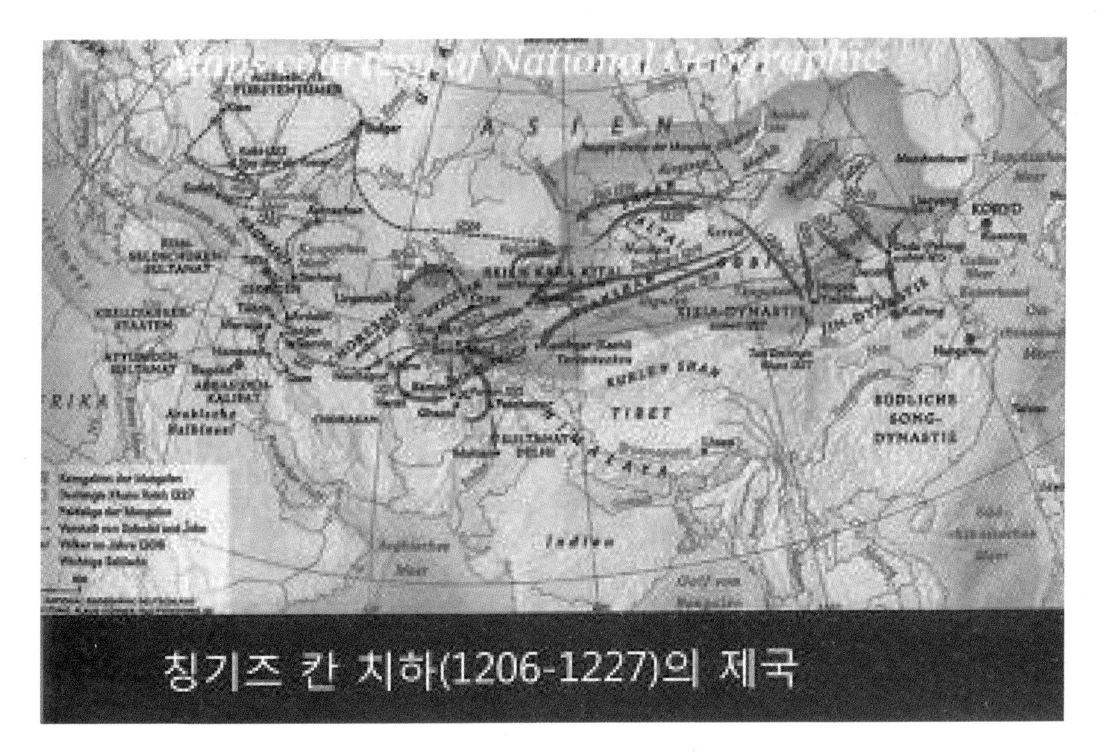

칭기즈 칸 치하(1206-1227)의 제국

칭기즈칸이 중앙 아세아의 부족국가들을 통합하여 대몽골제국을 건설한 민족의 아버지로 칭송하고 있다. 따라서 흩어져 살던 유목부족들이 하나의 언어와 문화를 가진 공통적인 정체성正體性을 가지게 되었다. 조실부모하여 소년기의 간난신고로 장성하여 우두머리가 되어 1189년에 몽골족 전체의 칸이 되고 1206년에 유목민 귀족 회의체인 "호라이다이〈議會〉"에서 몽골의大칸 즉 칭기즈칸으로 추대되었다. 이의 가장 큰 공적은 몽골 땅의 유목민을 대통합하여 하나의 통일국가를 건설한 것이다.

1205~1207년 사이에 탕구르제국을 정벌하였고 1211~1217 황하유역의 金나라를 공격하였다. 1218년에 호라즘의왕 모하메드 2세의 몽골상인 학살사건이 발생하여 칭기즈칸이 중앙아세아 침공을 앞당기게 되었고, 러시아와 흑해연안의 여러 나라를 정찰偵察하게 되었다. 칭기즈칸은 1227년에 붕어하였다.

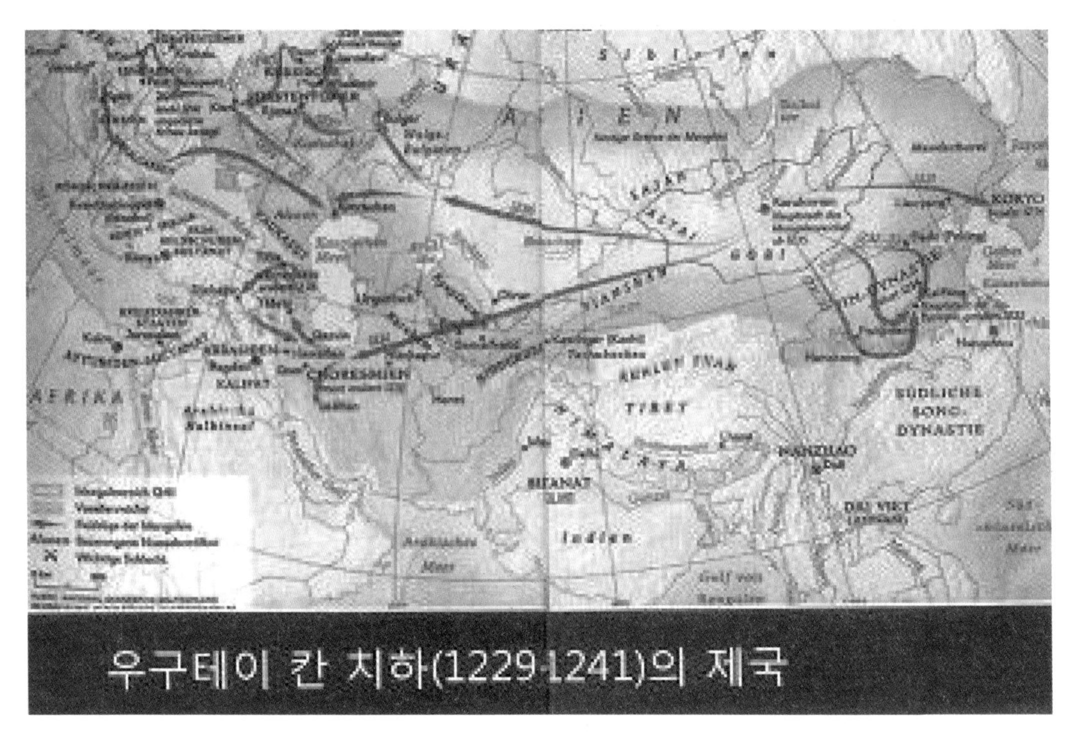

우구테이 칸 치하(1229-1241)의 제국

칭기즈칸이 사망한 후 1228년까지 막내아들인 툴루이가 칸이 직무를 대행하였는데 셋째아들 우구테이가 헤르렌 강가 몽골 땅의 동쪽 호도아랄에서 열린 "호라이다이"에서 칸으로 선출되었다. 우구데이는 1187년 태생으로 17세 때부터 국가를 강성하게 하는데 크게 공헌하였다. 우구테이칸은 국가의 체제를 정비하고 부친인 칭기즈칸이 시작한 "하라호름" 수도건설을 마무리하여 몽골제국 수도로서 위용을 갖추었다. 그의 치세로 제국의 국가기능이 크게 다듬어졌다. 그가 실행에 옮긴 가장 괄목할 만한 개혁은 전국에 걸쳐 "역참제도驛站制度"를 완비한 것이고 이 때문에 거대한 제국을 중앙집권으로 다스릴 수 있게 되었다. 1231년에 우구테이칸은 중국북부에 대하여 군사 활동을 개시하여 1234년 金나라를 멸망시켰다. 그의 치세로는 몽골군의 서방공략이 크게 성공하여 1236녀~1240년 사이에는 러시아를 차지했고, 1241년에는 헝가리와 폴란드까지 손에 넣었다. 그때의 몽골군은 비엔나와 아드리아海까지 진출했다.

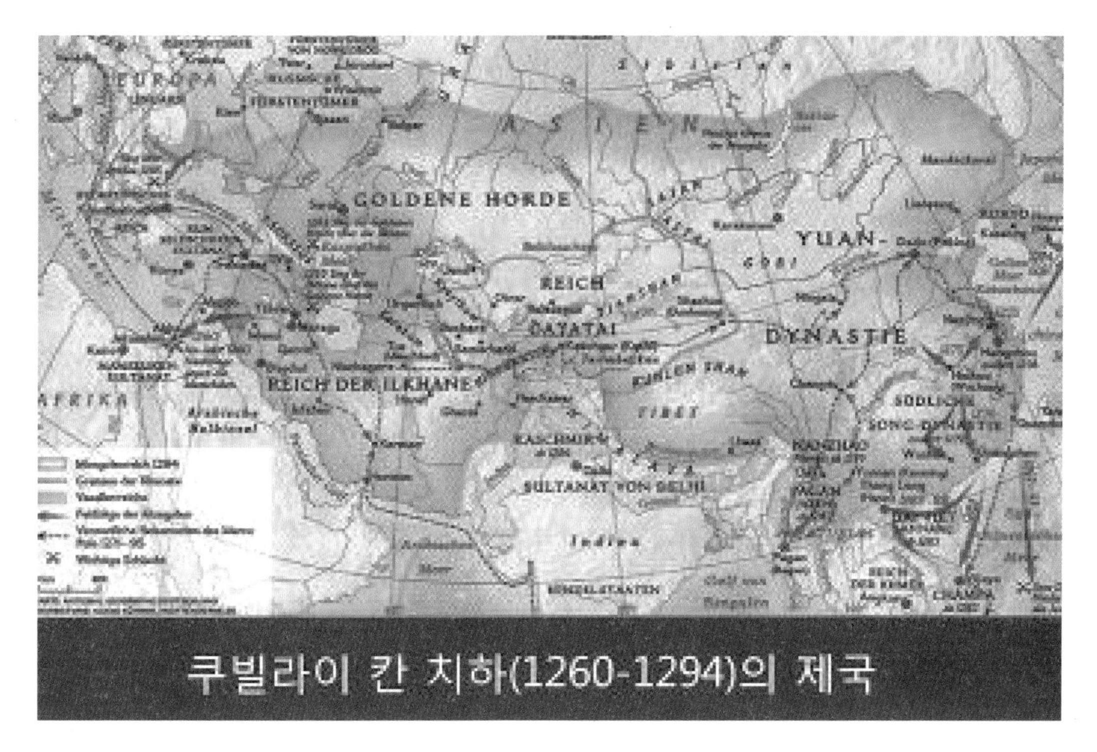

쿠빌라이 칸 치하(1260-1294)의 제국

몽골 칸〈皇帝〉들 가운데 구비라이 칸은 칭기즈칸 다음으로 잘 알려진 대 칸이다. 그는 선황先皇들이 시작한 전쟁을 계속하여 중국남부인 남송까지 점령하였다. 쿠비라이 칸〈元나라 世祖〉의 치세 때에 몽골은 일본열도를 제외한 동 아세아 전부를 손에 넣었고 유라시아 방방곡곡에서 위명偉名을 떨쳤다.

1264년에 수도를 다이두〈지금의 北京〉로 옮겼다. 따라서 이전의 수도인 하라호름은 점점 쇠퇴하였다. 그는 파그바 라마러더이잠츠가 창안한 사각형 문자인 파스파문자를 채택하였는데, 이 문자는 몽골제국의 공식문자로 1368년까지 사용하였다. 학자들은 구비라이 칸이 황제들 가운데 가장 유식하였다고 한다. 그는 元나라를 34년 동안 다스렸고 1294년에 붕어했다. 뒤를 이은 황제들은 국가를 잘 다스리지 못하여 1368년에 중국농민반란이 이러나 토곤데므르 칸〈惠宗〉이 중국 땅에서 쫓겨남으로서 元나라는 막을 내 린 것이다.

보그드 칸 지브준담바 (1869~1924)

20세기 초 몽골인 들은 淸나라로부터의 독립을 위해 싸웠고 마침내 1911년에 독립을 쟁취하였다. 그 결과 보그드 칸을 수반으로 하는 신정왕국新政王國이 성립되어 1924년까지 존속하였다.

이 전시실〈8號室〉에는 몽골이 자주권을 쟁취하기 위한 군사적, 정치적 투쟁의 자료와 함께 역사적, 사회경제적인 변화에 관한 자료들이 전시되어 있다.

1915년 중국, 러시아, 몽골이 마침내 몽골의 자주권을 인정하는 협정에 서명하였다. 그 후 1919년까지 러시아와 몽골은 아주 절친한 관계를 계속 유지하였다. 그사이 러시아는 몽골인 교육을 위하여, 몽골군 창설을 위하여, 또 신문발행, 전기, 통신 등을 위하여 재정원조를 계속하였다.

보그드 칸 지브준담바는 라사의 다라이라마의 신하의 가문에서 1869년 태어났다. 1874년 5살때 할흐 몽골사절단이 티베트에왔을때 그와 그 친척들을 후레〈우란바트르〉로 초대 하였다. 1911년 몽골이 淸나라로부터 독립을 선언하자, 보그드 칸 지브준담바가 왕위에 올랐다.

11시 45분에 광장을 떠나서 공룡 박물관에 갔다.

공룡 박물관

공룡 박물관 전시물

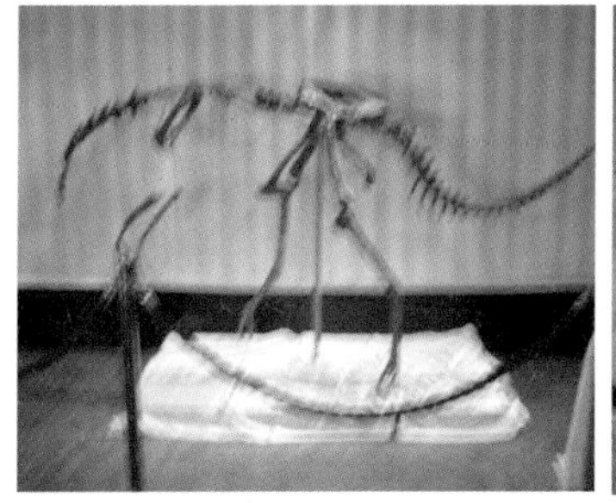

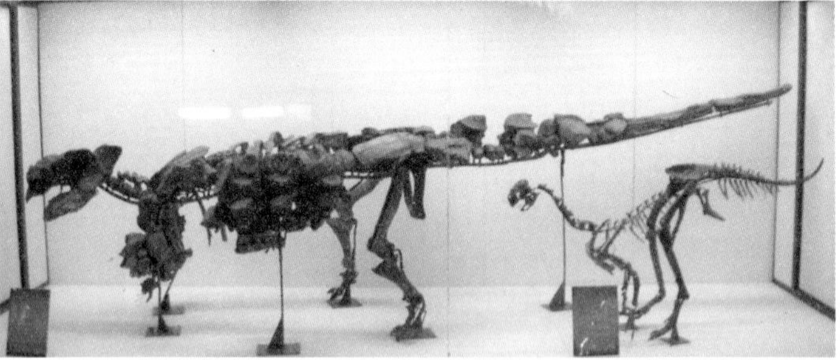

다음에 간 곳이 간동 첵칠렝〈觀音寺院=라마사원〉광장이다. 2010년 6월에 왔은 때보다 엄청나게 분비다

관음사 전경　　관음사원 광장의 비둘기 떼　　결혼식 끝난후 기념사진

관음사는 1815년에 건축하였으며 내부는 일층으로 25m의 관음보살의 입상이 있다. 관음사원광장의 비둘기들은 모이를 관광객들이 사서 뿌려줌으로 모여든 비들기이다. 결혼식을 마치고 관음보살에게 소원을 빌고 나와서 찍은 기념사진이다. 이곳의 여자들의 체격을 보면 모두 비대하다. 말하자면 몽골인의 식생활〈肉類〉이 좋다는 것을 알 수가 있다.

12시 42분부터 13시 55분까지 한국 음식점인 Korea House에서 점심식사를 마치고 14시에 출발하여 14시 10분에 이태준 기념공원에 도착했다. 2010년 6월에 왔을 때보다 잘 정비되어 있다.

이태준(李泰俊) 기념공원 전경

애국지사 이태준선생 추모비

이태준 기념관 전경(입구 보도브럭9배)

이태주 기념공원 해설문

이태준 기념공원 간판

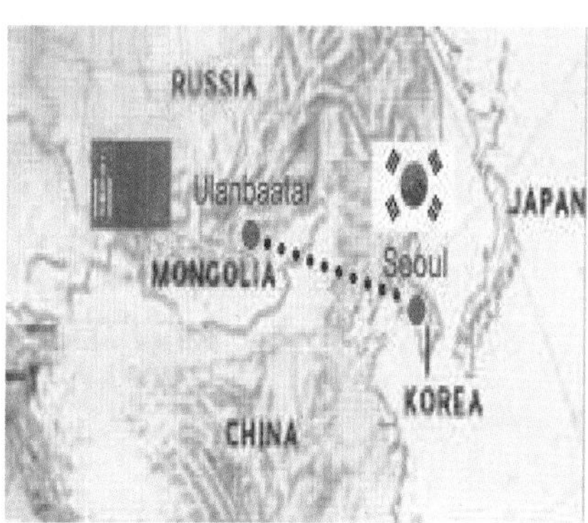

한몽 간의 우호증진.

천소영선생 서명 위주다.

이 공원 내의 보도에 깔은 브럭의 수는 5, 7, 9, 15매 로 되어있다. 이 기수문화가 우리 이족 〈소위 東夷族〉의 전통이다. 다음에 바로 간 곳이 Shopping Center인데 모직으로 품질은 좋으나 마음에 드는 것은 대개 100,000원 이상이다. 한 바퀴 돌아 구경만하고 나왔다.

다음에 간 곳이 보그드칸 궁전 박물관(Bogd Khaan Palace Museum)이다. 이 궁전은 1893년~1903년에 걸쳐 건립한 궁전으로서 몽골의 제8대 활불 지브준담바 (Jivzundamba)의 궁전이다. 1924년에 보그드칸이 병으로 죽은 후에 몽골국의 전통 박물관으로 되었다. 보그드칸 박물관은 14세기에서 20세기 초의몽골불교의 역사, 제8대 활불(活佛)의 생활용품과 세계 각국에서 받은 선물, 티베트불교의 불상, 몽골의 초대 고승활불 자나바발(Zanabazar)의 불상과, 제8대활불 지브준담바와 왕비 돈도그두람(Dondogdulam)의 생활용품이 전시되어 있다.

內 門〈보도 브럭 5매〉

본 전〈보도 브럭 7매〉

문짝이 없는 三門 中의 正門이다.〈實 寫〉

〈자 료〉

이 궁전 내의 건물 간 수가 기수이다.

보그드 칸 궁전 박물관 간판

파이(Yampai)문이라고 하며 일종의 방어용이다.

좌측 신장

중 문

우측 신장

제8대 활불(活佛)
지브준담바 (Jivzundamba)

왕비 돈도그두람(Dondogdulam)

16시 15분에 우란바드르 공항을 향하여 출발했다.

10일간 나와 같이 여행한 6790-YHЯ호차 기사 GANZORIG(간제릭)씨

타이거즈와 기아자동차가 후원 초청하여 우리와 동행한 몽골의 꼬마 야구단. 얼굴색이 좋고 건강하다.

비약하는 말의나라 더욱 비상하라!

뿌리가 긴 나무가 자랄 수 있을까

웅대한 체육은 더욱 체력 단련장

우란바트르공항 전경

우리가 타고 온 비행기

우란바트르 공항의 중국 남방항공기

16시 40분에 공항에 도착했다. 18시 20분에 여권심사를 마치고 19시에 탑승했다. 19시 29분에 이륙하였다. 곧이어 고도를 잡으며 구름 위를 나르고 있다.

하얀 木花송이 같은 몽실 구름 이불에
포근히 안기어 꿈나라로 가고 싶구나.
쟁반 같은 보름달 날개 위에 둥실 떴구나!
그 달 빛이 날개 등에 반사하여 빛이나니
날게 끝 표지등과 세 개의 빛이 어울린다.
이 희귀한 광경 機上에서 잠깐 볼 분이다.
사진으로 기록 못 남기니 안타까워하노라.

20시에 식사가 나오니 Red Wine 두 잔에, 캔 맥주 세 개를 마셨다. 천하가 태평하다. 22시 16분에 내려서 45분에 통관을 마치고, 공항철도 서울역행 전철을 타니 57분에 출발하였다. 홍대입구역에 23시 46분에 도착하여, 택시로 집에 오니 0시 15분이다.

이번 여행에 함께한 모든 분께 감사드린다.

몽골을 2010년과 이번에 만 4년 만에 2차로 다녀오면서 소감을 간단히 적어보고 싶다. 역사적으로나 지정학적으로나 우리민족과는 같은 황색민족黃色民族으로서, 그리고 같은 이족夷族으로서, 밝은〈발칸〉호반 남쪽의 중앙아세아의 이족夷族의 할거지割據地를 지키는 종족으로서 서로 유대를 갖아야 하는 사이라는 것을 더욱 느끼게 되는 것이다. 다만 우리이족의 발상지역에서 북방의 초원지대에 살면서 러시아와의 교류가 있는 점이 우리이족의 정통성에서 좀 벗어나는 것이 다를 뿐이다. 이들의 체격이 우람하고 육식 식생활로 비대하다. 특히 광대뼈가 우리보다 좀 크다. 원래 황색피부인데 햇볕을 받는 노출부는 약간 검붉은 색이다. 우리와 같이 Hun족의 영향을 받은 종족이다.

우란바트르 시내에도 고층건물이 늘어나고 있고 지금도 여기저기 고층건물을 건설하고 있다. 근교近郊는 4년 전보다는 많이 변했음을 느낄 수가 있고 국가발전에 총력을 기우리는 건설현장을 볼 수가 있다. 특히 우리나라와는 우호증진으로 상호협력이 이루어지고 있는 것으로 보이며 기술협력과 재정지원 등 투자효과의 전망이 밝을 것으로 보인다.

풍부한 세계 8위의 지하자원의 개발과 육로수송의 철도와 공로의 건설이 시급하다고 보며, 토목공사는 지형적인 조건이 평지일 뿐만 아니라 골재가 풍부함으로 건설원가가 적게 들고 공기가 단축될 것으로 본다. 선진기술의 도입으로 같이 손잡고 진행하면 선진수준으로 어깨를 나란히 발전할 것으로 본다.

몽골의 주요산업인 목축업은 보다 기술적으로 동물이 좋아하는 초지개선草地改善이 요구되며, 비옥한 토질을 골라 단기재배 농산물을 장려하고, 해발 최저고도가 552m로 지면은 높고 하늘은 낮으며 건기가 많은 청천하늘로 태양의 햇볕이 강한 나라다. 그래서 비닐하우스를 많이 만들어 식재재배를 할 수 있을 거란 생각이 든다. 호수의 수로건설과 지하수 개발로 농업 등 용수가 해결된다면 식량의 자급자족도 가능할 것이다. 그래도 식량이 부족하면 육류수출 교역으로 곡물을 수입하면 될 것이다. 또한 태양의 햇볕이 강한 지역임으로 태양광 발전으로 전력생산이 유리한 지역이다.

어디를 가나 평화로운 정경을 느낀다. 그 많은 목축들이 싸우지 않고 풀을 뜨는 광경은 참으로 보기 좋다. 먹이가 남아도니 싸울 이유가 없다. 저 아프리카에서 약육강식으로 맹수인 사자나 호랑이가 약자동물을 잡아먹는 광경은 볼 수 없는 평온平溫의 나라다.

특히 1963년생인 차히야 엘백토르지 대통령은 19살 때 구소련에 유학했으며, 미하일 고르바초프 공산당 서기장이 주장한 개혁개방정책에 심취하여 공산주의에 반대하게 되었으며 귀국 후는 몽골의 민주화운동을 주도했다. 2002년에는 미국의 하버드 대학에서 행정학을 전공했다. 이로서 세계적인 안목으로 민주화혁명을 성취하였고, 국회의원, 총리 등을 거쳐 재선된 대통령으로 몽골 발전의 주도적 역할을 할 것으로 본다.

몽골에서는 우란바트르 근교 외에는 4차선 이상의 고속도로가 없다. 지금부터 2차선 고속도로가 도시중심으로 건설되고 있다. 몽골대륙은 대 산맥과 험상궂은 바위산도 많지만 대평원과 민둥산 초원만이 보일뿐이다. 무차선 포장도로는 도시 간뿐이며 이것도 비포장 건설도로가 많다.

촌락이 아닌 이동 게르촌 간은 길이 없다. 말을 타고 다니는데 무슨 길이 필요하단 말인

가. 지금은 자동차가 많아 길이 있어야 활터인데 그 넓은 초원은 자동차가 가면 길이고 그렇게 여러 번 다니니까 길이 된 것뿐이다. 우리일행 자동차 5대가 민둥산고개에서 출발하면 넓은 초원을 제멋대로 다음 민둥산구릉을 향하여 편의대로 간다. 만약에 길을 잘못 들었다 싶으면 아무데서나 옆으로 초원을 질러 차선을 찾아가면 된다. 평원을 지나 민둥산마루에서 만나면 모두 내려서 쉬기도 한다.

다음의 사진은 2차선 포장도로, 비포장도로 그리고 초원의 제멋대로의 길들이다.

다음 사진은 지경地境마다 세워 놓은 관문關門이다.

다음 사진은 고개 마다 설치해 놓은 성황당城隍堂이다.

어릴 적에 듣기로는 고개 마루의 성황당城隍堂에 돌을 집적集積하는 것은 유사시에 석전石戰을하기 위한 것으로 듣고 있었으며, 돌의 집적集積을 독려督勵하기 우하여 신앙적信仰的인 풍습으로 변하면서 신성神聖시 하게 되었는데, 이곳에 와서 보니까 적석積石 돌이 많으며, 돌은 물론 본연의 취지와는 맞지 않는 쓰레기장 같으며 접근하기 싫은 흉물凶物로 만들어 놓고 있다. 그런가하면 청색천은 이 나라의 상징 색色이고, 돈과 불상佛像 등 귀한 물건도 받치고 있다. 여하간 돈은 가져가지 않는 모양인데 누가 회수하는지 궁금하다.

다음 사진은 사육飼育하는 동물들이다.

염소, 양, 소, 낙타, 말의 조각(彫刻)

몽골의 5대 가축은 염소〈19,650,000여 마리〉, 양〈19,275,000여 마리〉, 소〈2,600,000여 마리〉낙타〈277,000여 마리〉, 말〈2,220,000여 마리〉등이며 이외에 야크와 개가 있다.

염소와 양은 같은 무리로 움직인다.

소도 색깔이 여러 가지이며 비육우다. 특히 꼬리가 길고 날 파리를 쫓고 있다.

낙타는 왜 등에 혹이 있을까? 한 혹 낙타도 있다. 역시 비육하다.

말도 꼬리가 길고 숱이 많으며 비육하다.

몽골 국내에 하천이 5,300. 샘이 7,300. 호수가 3,600. 광천이 360개소가 있다고 한다. 그런데도 물을 길러다가 염소에게 먹이고 있다. 지하수 개발이 필요 할 것 같다. 모두 살이 쪄서 배가 불룩하다.

야크는 털이 많으며 역시 꼬리 가 길고 술이 많다.

용변보는 야크.

개는 털이 많으며 꼬리가 크고 털이 많다.

몽골에서도 귀하게 여기는 사슴 그 뿔이 가관(可觀)이다.

일반적으로 각종 동물들이 우리나라와 다른 것은 말, 소, 개의 꼬리가 길고 복스러운 것이 특이하고 소나 말은 계속 꼬리로 휘둘러 날 파리를 쫒고 있다. 모두 배가 불룩하며 영양상태가 좋다.

다음 사진은 초원(草原)과 산야(山野) 등 몽골의 초원과 민둥산과 석산, 민둥산은 그 곡선이 미려美麗하다. 전반적으로 토층이 얕고 자갈층임으로 초원이 형성 될 수밖에 없으며, 수목은 자랄 수 없는 석산이거나 자갈층 구릉이다.

황색이나 연녹색은 농작물이 아니다.

이번 유적답사가 참으로 어려운 여건인데도 불구하고 김남석 총무와 안동립 회장과 신익재 사장의 전적인 노고의 덕택으로 무사히 마쳤다. 너무나 감사하다. 다만 아쉬운 것은 몽

그 삭막한 들에 피어있는 꽃이 하도 곱고 좋다.

골의 모든 여건이 미비 된 현 상황이므로 기록유지를 충분히 못한 것이 안타까울 뿐이다. 교통편과 숙박시설은 그런대로 해결하였으나 말이 안통하고 글자를 모르니 그나마도 써 붙인 간판을 못 읽거나 기록을 못하였다. 제일 큰 문제되는 것이 전기가 없는 곳에서 숙박을 하니 사진기용 Battery 충전을 못하여 못 읽는 간판의 글자와 필요 대상물을 사진찍지 못한 것이 안타까울 뿐이다.

몽골의 지도종류를 보면 몽골지도, 우리말지도, 영어지도, 일본어지도 등 9종류가 있으나 표기음이 같은 것이 없다. 한국인에게는 한글로 표기한 표준지도가 있어야 한다고 본다. 지도에는 이정표, 각종지명, 관광지 표지, 유적지 표지 등 여행에 필요한 각종표기가 수록되어 있는 지도가 없고 모두다 제 각각이다 할 수없이 그래도 제일 나은 영어지도 표기로 정리하였다.

이번 여행에서 취재한 "기명(記) 없는 비석과 돌무덤"과 "대형호석(護石)덤 군"과 "골격만 남은 유적"등 세 곳은 표지간판 하나 없으니 과연 유적지인지 분간할 수도 없으며 앞으로의 조사발굴이 절실히 요구된다.

답사중 도서 구입 목록

1 HISTORICAL AND CULTURAL IMMOVABLE MONUMENTS IN MONGOLIA

2. ゴビ グルバ サイカ 國立公園

3. 최서면 몽공기행 최서면 지음, 삼성출판사, 1990년 5월

4. 몽골 전국 도로 및 여행지도

5. 관광지도 몽골 & 올란바트르, 第3刷 發行

6. NEW 觀光地圖 モ ゴルと ウラ バートル市, 第4版

7. 觀光地圖モ ゴルと ウラ バートル市, 第5版

8. Tourist map MONGOLIA & ULAANBAATAR 1:3,000,000

9. ROAD NETWORK MAP of MONGOLIA 1:2,000,000, 2008

10. ROAD NETWORK MAP OF MONGOLIA 1:2,000,000, 2009

11. TOURIST MAP 1:2,500,000, 2009.

12. 圖錄

제 29 차

홍산문화紅山文化 및 고조선古朝鮮 유적지 답사

2015년 3월 7일부터 3월 14일

이우재1936生, 최동정 1940生, 최혜성1941生, 김세환1930生,
홍중표1942生, 고준환1943生, 신문섭1951生, 노태구1946生,
김종식1947生, 김신규1948生, 이종호1948生, 윤명도1956生

이번 답사는 홍산문화 및 고조선 유적지를 (사)푸른 한국〈이사장 최동정〉과 과학문화 유산 답사회〈회장 이종호 박사〉 주관으로 2015년 3월 7일부터 3월 14일까지 수행한 행사이다.

1. 2015. 3. 6. 金

2015년 3월 6일 13시 25분 출발했다. 2호선 전철 편으로 홍대입구에서 공항행전철로 갈아탄 시간이 13시 50분이다. 14시 38분에 내려서 45분에 공항출국장 C Counter에 도착했다. 이종호 박사가 도착하여 15시 50분에 탑승수속을 마치고 15시 55분에 여권심사를 거쳐 출국장 면세점에서 전만길 사장 아들용 선물로 초코파이 1상자를 9,850원에 샀다. 16시 25분에 Shuttle전차로 104Gate에 도착 후 대기하였다. 17시 18분에 탑승하여 48A석에 앉았다. 17시 33분에 북향으로 이륙하여 36분에 서향으로 기수를 돌렸다. 52분에 서북 북간으로 돌리면서 석양 햇살이 기내로 비쳐진다.

17시 50분에 간식이 나왔다. 샌드위치와 요구르트와 방울토마도와 350ml의 생수 등이다. 18시 19분에 북향, 27분에 착륙했다. 19시 7분에 통관을 마치고 나와 전만길 사장 차를 타고 19시 12분에 공항 앞에 있는 조가대원趙家大院 농가채農家菜 식당〈機場店〉에 도착했다. 20시 10분에 식사를 마치고 출발하여 20시 30분에 Holiday inn Hotel 705호실에 李박사와 같이 투숙했다.

2. 2015. 3. 7. 土

07시 30분에 기상했다. 08시부터 호텔 2층 Buffet에서 식사를 08시 30분에 마치고, 09시부터 11시까지 全 사장과 같이 시내구경을 했다. 아직 노면전차가 운행되고 있다. 신기하다. 궤간은 1435mm의 표준궤간이며 구형차와 신형차가 다니고 있다.

구형전차

신형전차

서점에 들려서 책을 샀다. 歷史〈普通 高中課程 標準 實驗教科書〉와 地理圖 册〈八年級 上册〉, 歷史地圖 册〈探索 歷史的 奥秘〉, 歷史〈七年級 上册과 下册〉을 각 1권씩 샀다. 이 책들을 왜 사느냐 하면 중국에서 현 시점에서의 관점과 과거와 미래의 대한 견해를 입증하기 위한 것이다. 책값은 모두 70元이다. 12시 30분에 호텔을 Check Out하고 짐을 맡기고, 근처의 식당에서 점심을 먹었다. 식단은 잡반어雜拌魚, 석유어石有魚의 해물요리다. 식사를 마치고 잡화점 상가로 나와서 100元짜리 골동품 2개를 샀다. 그리고 80mm짜리 확대경을 10元에 샀다. 물건 값이 너무나 싸다. 두루 구경을 하고 16시 20분에 호텔에 와서 로비에서 쉬었다. 全사장이 대여해온 중형차〈차번호:遼 B-0036B〉를 타고 17시 33분에 떠나서 18시에 공항에 도착했다. 도착한 일행을 태우고 18시 40분에 출발하여 19시 10분에 노지방주가채老地方住家菜식당에 도착하여 저녁식사를 했다. 20시 20분에 식사를 마치고 20시 30분에 출발하여 21시 48분에 와방점 TG를 통과하고 22시 15분에 금강지성錦江之星호텔에 도착했다. 22시 25분에 8,620호실에 李박사와 같이 투숙하여 23시에 취침했다.

3. 2015. 3. 8. 日

07시에 기상하고 08시 20분에 조식을 마치고, 08시 33분에 출발했다. 09시에 TG를 통과하여 G15261km에서 진입하여 227km에서 이관李官 TG를 9시 28분에 통과했다. 길을 잘못 들어 10시 10분에 석붕石棚에 도착했다. 우리가 신성시한 석붕주변이 완전이 미신잡신迷信雜神의 난장亂場판으로 변하여 품위가 땅에 떨어져 있었다. 우리일행에게 보여주는 것이 민망할 정도였다. 두루 사진을 찍고 제사지내는 방향을 다시 확인했다. 북방인 하얼빈 방향이다.

봉산 석붕 표지

석붕 거석문화 비석

석붕산 석붕

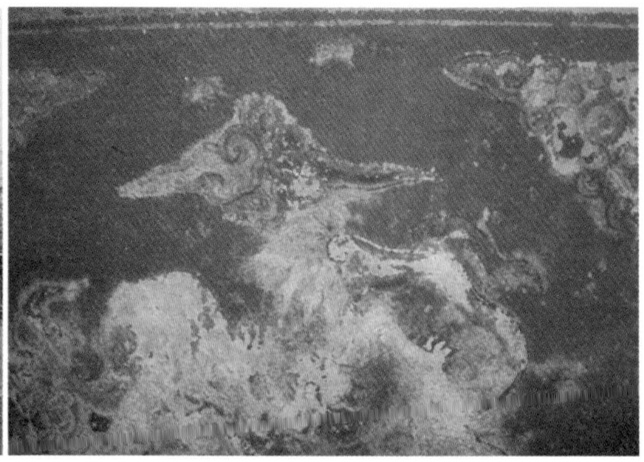
석붕산 석붕의 천정 그림

울타리 밑으로 늘어놓은 잡신들 〈지저분하기 이를 데 없다.〉

10시 30분에 출발하여 19시 47분에 웅악熊岳 TG를 통과하여 G-15 고속도로로 진입했다. 12시 7분에 호장虎庄 TG를 通過하고 12시 27분에 석붕石棚욕(山+谷) 석붕에 도착했다. 잡초만 무성하고 아주 쓸쓸하다. 그래도 모두 열심히 조사하고 있다. 나는 가지고 간 패철로 우선 석붕 구조의 방향을 검토했다. 경유좌庚酉坐로 대략 西方으로 볼 수밖에 없다. 즉 우하량牛河梁 유적지와 적봉시〈紅山遺蹟地〉방향이다.

石棚욕 석붕

석붕 바닥에 새겨놓은 영문 모를 흔적

석붕욕 석붕 표지 전면

석붕욕 석붕 표지 후면

석붕욕 석붕 해설

이 석붕의 건조는 청동기시대로서 초기에는 묘였을 것이라고 하고, 후에는 제단으로 사용하였을 것으로 해설되어 있다. 그런데 필자의 소견으로는 밑의 반석이 지면과 같고〈支石이 없다.〉그 위에 구조물은 제사실로 보이며 그 안에 제상을 놓고 제사를 지내면 딱 알맞을 것 같다. 그리고 이 구조물이 제단이라면 제사지내는 방향이 북방과 서방이다. 즉 우리의 조상인 환인 환웅 단군의 수도〈아사달〉방향이다.

12시 45분에 발차하여 13시 30분에 영중營中 TG를 통과하였다. 13시 40분에 눈이 날린다. 14시부터 요하복무구에서 점심식사를 하고 14시 35분에 발차했다. G-16 176km지점에서 폭설이 내린다.

15시 15분에 눈은 끗치고, 16시 45분에 부신동阜新東 TG를 나와서 17시 3분에 사해박물관査海博物館에 도착했다.

사해유지 박물관

사해유지 박물관 표지석 전면과 후면

查海遺址 박물관 標識石 後面의 해설

查海遺址 保護範圍는 查海遺趾 중심에서 南200m 東220m 西65m 北76m이며, 建設 統制地域은 保護範圍 외 200m는 Ⅱ類에 建設範圍에 속하고, Ⅱ類에 건설범위 외에는 Ⅲ類 建設 範圍에 속한다.

이곳은 애국주의愛國主義 교육기지教育基地로 활용되며 시급 치안보위治安保衛 중점단위重點單位이다. 요령 애국주의 교육시범기지教育示範基地이고, 부신시阜新市 애국주의 교육시범기지이다.

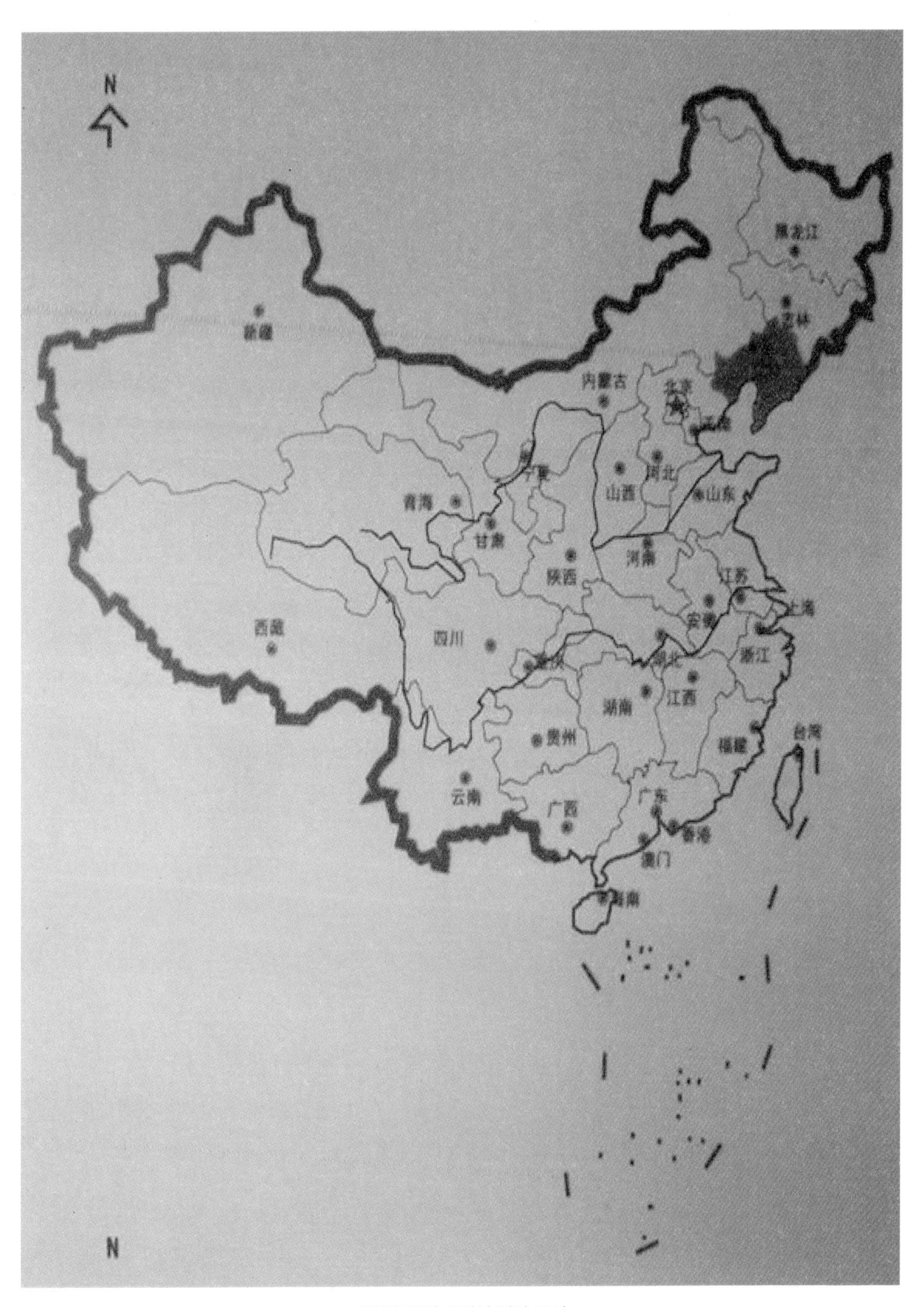

거대중국의 요녕성 위치 표시

사해유지 발굴현장〈1993년〉

阜新查海遗址位于阜蒙县沙拉镇查海村西南约2.5公里的台地上，于1982年文物普查时发现，自1987年—1994年先后进行了7次不同规模的考古发掘，发掘面积达8000余平方米，揭露房址55座，灰坑37个和石堆塑龙、墓葬及祭坑等，出土了大量的石器、陶器、玉器、动物遗骨以及碳化物等，经碳十四测定遗址年代距今约7600年，加树轮校正已经超过8000年，是我国北方目前发现的时代最早、保存最完整、文化内涵最丰富的一处新石器时代早期的人类聚落址。

查海遗址所揭露的遗迹和大量的珍贵文物表明，8000年前查海先民在这片土地上日出而作、日落而息地进行原始农牧业生产，捕鱼、狩猎、制作陶器和玉器，依靠集体的力量进行生产生活，过着相对稳定的定居生活。

查海先民崇信"龙"图腾，并将心目中的龙塑在陶器上，用石块在聚落中心摆砌出来，祈求得到保佑与庇护，这是迄今为止我国发现年代最早、形体最大的龙，堪称"中华第一龙"。查海先民不仅生前能识别、加工、使用玉，而且死后还葬玉。经中国地质科学院鉴定，查海玉完全是由透闪石和阳起石构成的软玉，这是迄今为止世界上人类加工、使用过的最早的玉器，堪称"世界第一玉"。由此可见，查海文化是我国博大精深的玉和龙文化的重要的渊源地之一，证明阜新大地也是中华文明的发祥地之一。有鉴于此，中国著名考古学家苏秉琦先生为查海遗址题词："玉·龙故乡，文明发端"。1996年国务院公布查海遗址为第四批全国重点文物保护单位。

사해 유적지 해설 원문

查海遺蹟址의 解說

阜新 查海遺址는 阜蒙縣 沙拉鎮 查海村 西南約 2.5km地點인 台地이다. 1982年 文物調査 時發見하여 1987년부터 1994년까지 7次에 걸쳐 進行을 하였는데, 規模에 맞지 않게 考古遺物을 發掘하였다. 發掘面積은 8,000餘m²이며, 發掘된 旁址는 55座이고, 炭坑은 37個所와 石堆 塑龍〈돌무덤龍 模樣〉 그리고 墓葬과 坑 等이 出土되었고 大量의石器와 陶器와 玉器, 動物 遺骨 等의炭化物이 發掘되었다. 이들은 炭素測定 結果 距今7,600년에서 8,000年이 超過된 것으로 나타났다. 이것은 中國北方의 現實 發見으로서 時代的으로 가장 이른 時期〈最早〉의 것으로 가장 完璧하게 保存되어 있는 文化材로서 가장 豊富한 것으로 新石器時代早期의 人類 聚落地이다.

사해査海유적지에서 노출露出된 유적과 진귀문물珍貴文物들은 8,000년 전 사해의 先祖들이 居住하신 편평扁平한 지역으로 해가 뜨고 지는 서식처棲息處로 원시시대原始時代의 농목업

農牧業의 생산과 포어捕漁 수렵狩獵과 제도製陶와 옥기玉器의 생산 등에 의존하며 생활을 발전하며 정착한 주거의 지역이다. 사해의 선조들은 용의 토템〈龍의塑像〉을 마음속에 간직하는 대상으로 여기며, 취락 중심지에 돌로 쌓은 용을 만들어 놓고, 빌면서 안위와 보호를 기구하였다. 이제까지 발견된 소용塑龍으로는 중국에서 발견된 최조最早의 것이며 그 형태가 최대이다. 그래서 "中華 第一龍"이라고 한다. 사해의 선인들은 玉을 가공하는 기술이 능하여 장식이나 장물로 사용하였는데 이는 세계인류가 가장 먼저 사용한 것으로 "世界第一 玉"이라고 한다. 이의 사해 문화는 玉과龍에 관한 중요한 연원淵源의하나로 볼 수 있다. 부신阜新지역은 중화문명의 발상지의 하나로 증명된다. 중국의 저명한 고고학자인 소병기蘇秉琦선생은 사해유지 제사題詞에 "玉 · 龍 고향 문명발단文明發端〈始作〉"이라고 말하고 있다. 그리고 이 부신지역은 8,000년 전에는 기후가 온화하고 습윤하며 삼림이 무성하고 동식물이 번성하는 살기 좋은 유리한 지역이었다.

그래서 코끼리며, 호랑이, 곰, 이리 등 포유동물의 서식지였다. 토질은 비옥하고 수로가 형성되어 수초가 무성하고 초목이 생장하는 곳으로 금조초목禽鳥草木의 천당天堂이며 하류河流의 교류交流로 어류자원魚類資源이 풍부하였다. 山地는 평탄平坦하고 평원平原은 옥야沃野이며 하호소택河湖沼澤이 어울려, 대자연이 주어진 혜택을 받고 있는 사해문화의 선민先民 미려美麗의 풍요한 환경이다. 라고 제시하고 있다. 그럼으로 8,000년 전에 이곳이 살기 좋은 곳이므로 우리의 선조들이 거주하며 꽃은 피운 곳이 아니겠는가.

查海遗址属于丘陵地带，海拔297米，自然坡度平缓，地势比较开阔。有关资料表明，距今8000—5000年间，西辽河流域的平均气温比现在高出3—5℃，森林茂密，气候温暖湿润，适于农耕。

查海遗物中以石制农业生产工具为主，其中有石铲、石锄、石镐、石锤、石斧、石刀、石磨盘和石磨棒等。石铲出土数量最多，这说明在当时查海人已大量的使用铲形器和铲形石锄在附近的山坡上耕种生产。

原始农业生产解决了单靠采集和狩猎的饥一顿、饱一顿的问题。农业繁荣了，粮食就有了剩余，随之仓储问题迎刃而来。在查海遗址中，发现30多个窖藏穴，直径在1—2米之间，分布在房址周围。这就是他们贮存粮食的地方，从窖藏穴的出现可以看出，当时的农业发展和粮食生产状况良好。

本展厅展示查海文化先民的劳动生产工具——石器，再现新石器时代的劳作生活，使用石质生产工具从事农业和渔猎生产的场景，可以感知先民的原始生活。

原始 農業生産 工具

查海遺蹟址는 丘陵地帶로서 海拔 297m이고 自然的으로 平坦하고 開闊하여, 지금부터 8,000~ 5,000年間, 西 遼河流域은 平均氣溫

이 지금 보다 3~5℃가 높아 森林이 茂盛하고, 氣候가 溫暖濕潤하여 農耕에 適合하였다. 查海遺物 中 石製 農業生産 工具가 爲主로 出土되었는데, 그 中 돌삽, 돌괭이, 돌 호미, 돌낫, 돌도끼, 돌칼, 돌 쟁반 등이 있는데 돌삽이 제일 많이 나왔다. 이것은 農耕이 旺盛했다는 것을 立證하는 것이다. 原始農家 收入은 單純한 採集과 狩獵 等으로 食生活을 解決했다. 그리고 查海遺址에서 30餘 個所의 貯藏窟이 發見되었다. 直經이1~2m이고 房址周圍에 分布되어 있다. 이는 農業이 發展하여 食糧의餘分을 貯藏하였다고 볼 수 있다. 여기에 展示한 查海文化 先民의勞動生産 工具는 石器, 再現 新石器時代의 勞動生活과, 漁業生活에 대한 先民原始 生活을 짐작하게 하는 것이다.

위하渭河와 황하黃河의 접경에서 일어나 분수유역汾水流域인 산서성山西省을 거쳐 北上하여 西北쪽으로 내몽고의 허두루河套樓(呼和浩特)에 이르고, 東北方向으로 상간하桑干河를 거쳐나가 다시 농묵

敲(두드릴고) 잡(칠잡) 器

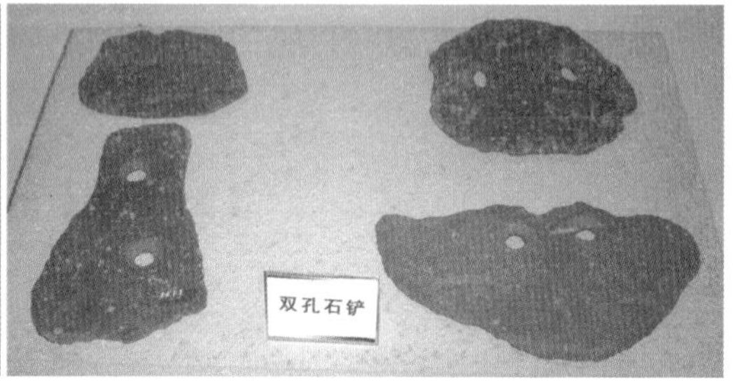

雙孔石산(깎을산)(삽)

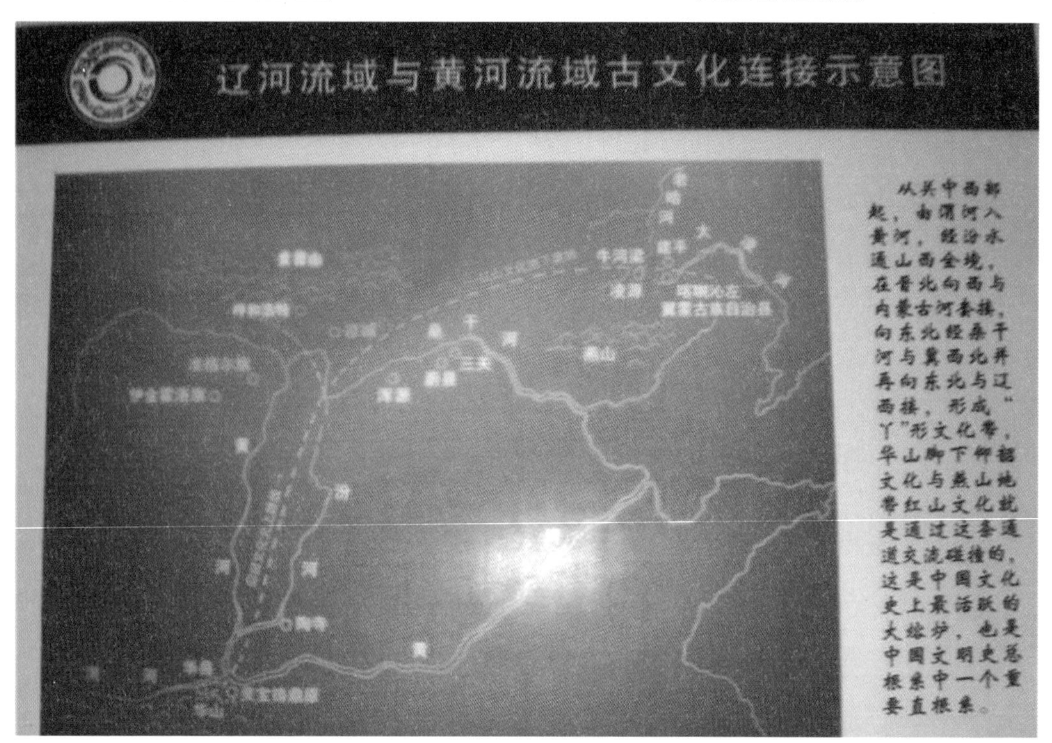

요하유역과 황하유역의 古문화 연접도

방향으로 요서지역에 이르는 Y형 문화대를 이룬다. 화산華山밑의 앙소문화仰韶文化와 연산지대燕山地帶를 거쳐 홍산문화와 충돌하면서 어우러지는데, 이것이 中國文化의 역사상 가장 활약적活躍的인 대융합大融合이다. 이것은 中國史의 총근계(總根系)의 하나로서 중요한 직근계(直根系)〈傳統系〉라고 한다.

여기서 필자가 시정하지 않을 수가 없어 첨언添言하면 8000년대의 사해문화〈紅山文化圈〉가 5~ 6000년대의 앙소문화로 전승되었음을 쓰지 못하고 화산에서 시작한 문화가 북상한 것으로 기록하였으니 역사〈文化〉가 역류한 것이 된다. 이럴 수도 있는가? 중국의 사학자들은 양심에 가책이 없는 집필을 하기 바란다.

중화 역사 연표

이 표에서 보는 바와 같이 중국의 연대표기는 4,100년대의 하우夏禹시대부터 기록하고 있으며 그 이전은 신석기 구석기 시대로 표시하고 있다. 그리고 중화민국〈1,912~1,949〉까지 기록되었고 이후는 없다. 아직까지 중국의 연대년표를 재대로 정리 못하고 있는 것이다.

여기서 또 한마디 아니할 수가 없어 기록을 하면, 중국에는 고대연표가 없으며. 하우(夏禹) 이후로 역사를 가르치고 있는데, 지금에서 황제(黃帝)〈BC4700년〉와 신농(神農)〈BC5260년〉까지 언급하고 있으나 그 이상은 환웅(桓雄) 환인(桓因)시대임으로 받아드리지 못하고 있는 것이다.

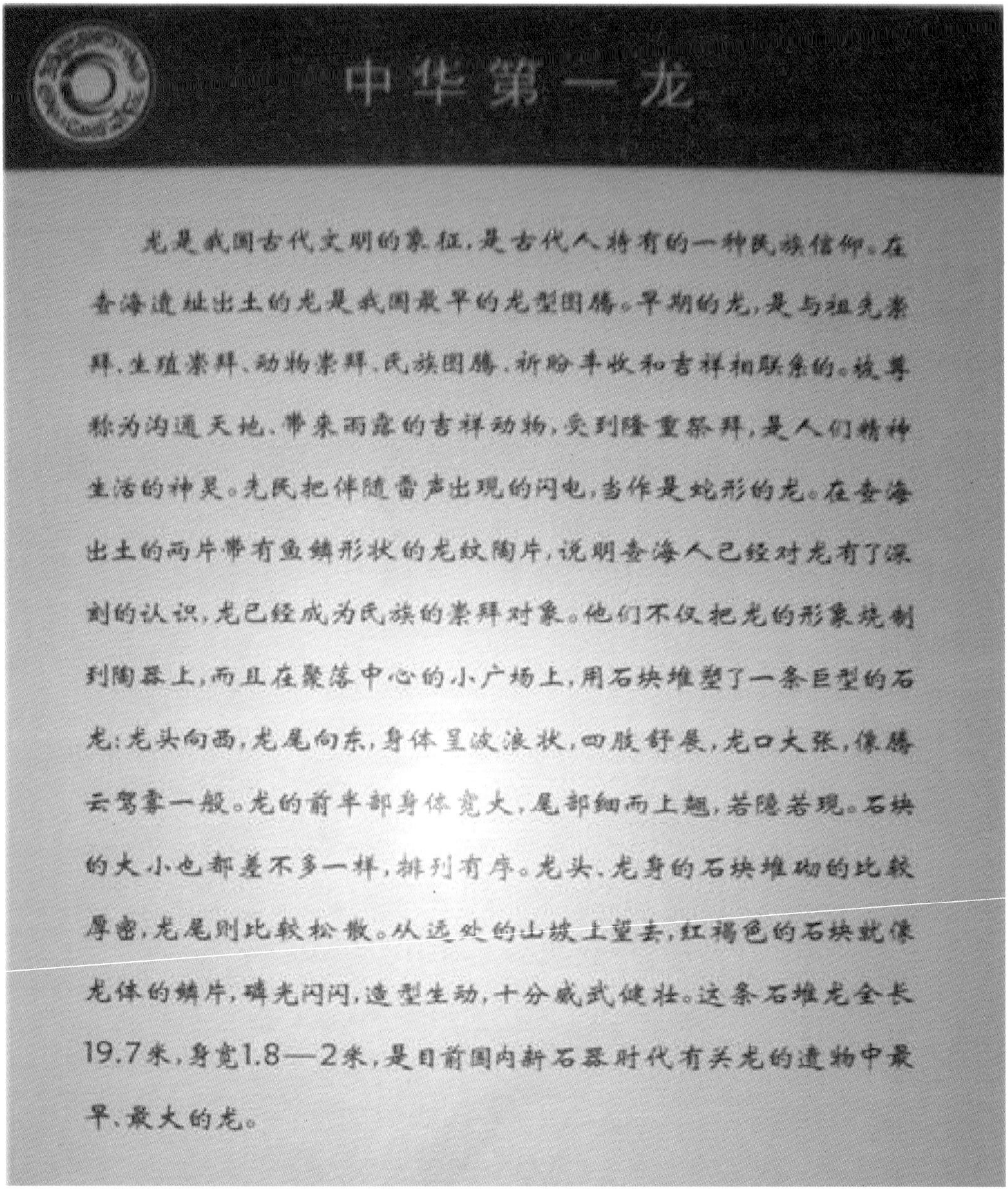

中华第一龙

龙是我国古代文明的象征，是古代人特有的一种民族信仰。在查海遗址出土的龙是我国最早的龙型图腾。早期的龙，是与祖先崇拜、生殖崇拜、动物崇拜、民族图腾、祈盼丰收和吉祥相联系的。被尊称为沟通天地、带来雨露的吉祥动物，受到隆重祭拜，是人们精神生活的神灵。先民把伴随雷声出现的闪电，当作是蛇形的龙。在查海出土的两片带有鱼鳞形状的龙纹陶片，说明查海人已经对龙有了深刻的认识，龙已经成为氏族的崇拜对象。他们不仅把龙的形象烧制到陶器上，而且在聚落中心的小广场上，用石块堆塑了一条巨型的石龙：龙头向西，龙尾向东，身体呈波浪状，四肢舒展，龙口大张，像腾云驾雾一般。龙的前半部身体宽大，尾部细而上翘，若隐若现。石块的大小也都差不多一样，排列有序。龙头、龙身的石块堆砌的比较厚密，龙尾则比较松散。从远处的山坡上望去，红褐色的石块就像龙体的鳞片，磷光闪闪，造型生动，十分威武健壮。这条石堆龙全长19.7米，身宽1.8—2米，是目前国内新石器时代有关龙的遗物中最早、最大的龙。

中華 第一 龍

이龍은 中國古代文明의 象徵이다. 이는 古代人들의 特有한 일종의 民族信仰으로 볼 수 있다. 査海遺蹟址에서 出土된 龍은 中國의 가장 오래된 早期의 토템〈Totem=圖騰=動物模樣〉이다. 이 早期의 龍은 그 當時의 祖上崇拜, 生殖 崇拜, 動物 崇拜, 民族의 토템, 豊年 收穫의 祈願과 吉祥의 祈願對象이다. 天地間의 交流하는 尊稱으로 사용된다. 비를 오게 하는 吉祥의 動物이며, 祭典 等에 盛大한 儀式의 對象이며, 우리인간의 精神生活의 神靈인 것이다. 先人들은 雷聲霹靂이 龍의 造化로 알고 있었다. 査海遺蹟에서 出土된 龍은 兩쪽의 形狀은 고기 비늘形의 陶片이다. 査海人들은 經驗上으로 龍은 民族的 崇拜對象으로 여겨왔다. 그들은 陶器로 만든 龍이아니고, 聚落中央의 小 廣場에 石塊를 쌓아서 만든 巨大한 石龍으로 보았다. 용의 머리는 西向이고, 몸통은 波狀型으며, 四肢는 펼쳐있다. 입은 크게 벌리고, 雲霧로 올라가는 形狀이다. 龍의前半身은 넓고 꼬리 部分은 위로 들고 있으며, 보일 듯 말듯하다. 石塊는 大小 여러 가지며 一律的이 아니지만 秩序있게 排列되어 있다. 龍머리와 龍 몸 체의 石塊는 비교적 두껍고 稠密하게 쌓았다. 대신 龍꼬리는 비교적 성글다. 먼 곳의 언덕은 높이 보이고 紅褐色의 石塊는 龍 몸의 비늘로 보이고, 燐光은 번쩍이며, 造型은 生動感이 있으며 充分히 威武가 健在하다. 이 石塊 龍의全長은 19.7m이고 몸통 넓이는 1.8~2m이다. 이 龍은 國內 新石器時代의 유물 중 最早 最大의 龍이다.

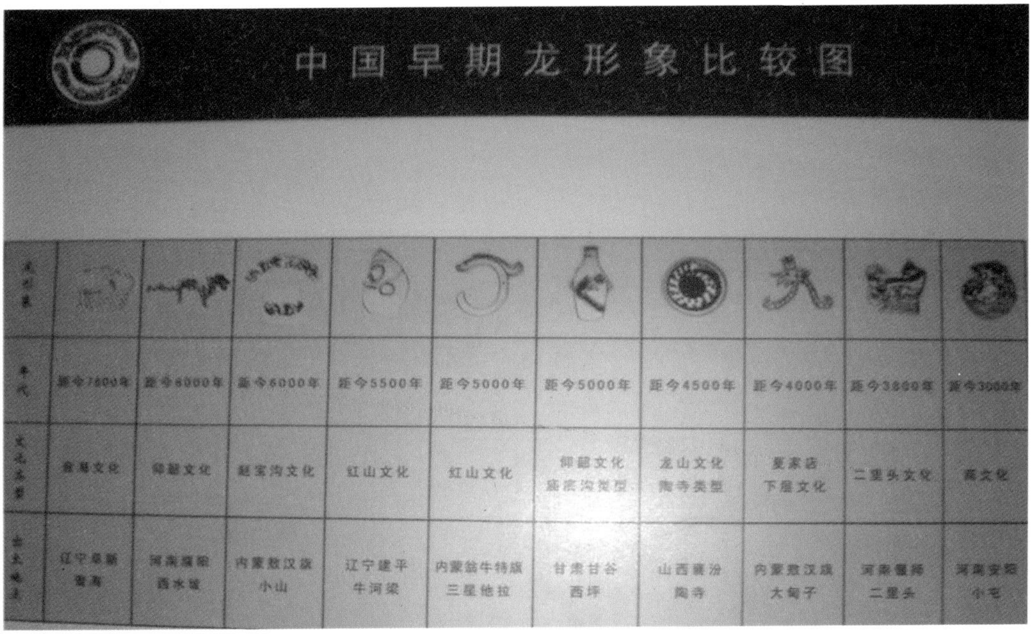

구슬 文化圈〈결패옥결문화 권〉分布圖

이 표에서 년도별로 간추려보면

01. 요영성 부신 사해 신석기 유적지 ------- 8,000年

02. 내몽고 홍산 흥융와 신석기 유적지 ---- 8,000年

04. 하북성 역현 신석기 유적지 ---------- 7,000年

07. 아라사 빈해지구 신석기 유적지 ------- 7,000年

08. 강원도 고성군 문암리 신석기 유적지 --- 7,000年

09. 북해도 포황정 공영 신석기 유적지 --- 7,000年

03. 천진시 보저 우도구 신석기 유적지 --- 6,000年

05. 흑용강성 요하소 남산 신석기 유적지 --- 6,000年

16. 사천성 무산 대계 신석기 유적지 ---- 6,000年

13. 강소성 상주 우돈 신석기 유적지 ---- 5,000年

15. 호북성 의창 청수진 신석기 유적지 -- 5,000年

구슬 문화권〈결문화 권〉분포도

여러 가지 玉 제품〈옥용고향 문명발단 책 참조〉

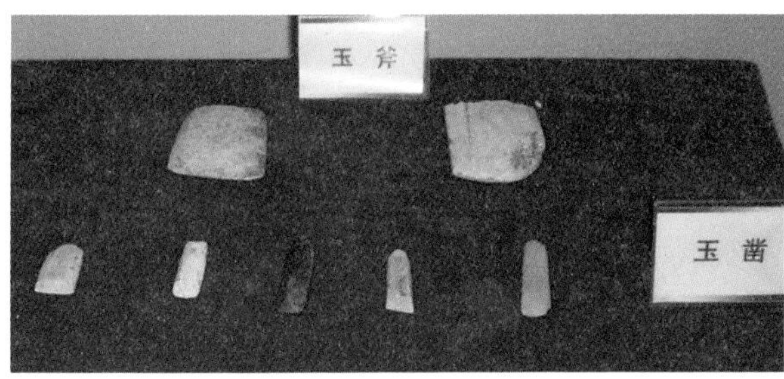

옥결, 옥부, 옥착

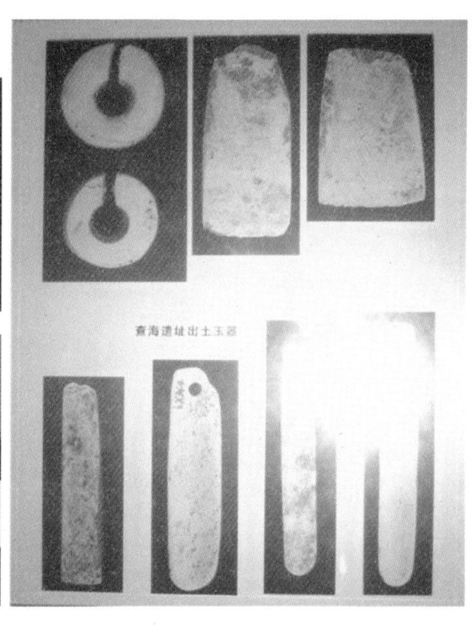

사해유지 출토 玉器

맺음 말 〈結束語〉

结束语

一个古老的民族，孕育了灿烂辉煌的文化。查海，这里是八千年前人类开垦过的土地；查海是中华五千年文明的前奏与序曲。作为龙的传人，继承和弘扬民族文化，是当代人不可推卸的责任，通过"查海文化展"，我们把古老的玉·龙文化图文并茂地展示给观众朋友，以期您得到一次美的享受和文化的熏陶。

查海遗址博物馆现今不仅成为了阜新的一张名片，也为促进阜新的对外开放和交流，宣传阜新、提高阜新的知名度起到了它应有的作用。

当您结束这次参观后，您定会为查海先民创造的辉煌灿烂的文化而自豪和骄傲！这些宝贵的文化遗产，使我们实现了古今对话。历史从这里走来，是查海先民点燃了中华民族八千年前的文明之火！

하나의 오래된 민족으로서 휘황 찬란한문화를 탄생시켰다. 사해는 거금 팔천년 전에 인류가 개척한 지역이다. 사해는 중화 오천 년 문명의 처음으로 소리를 낸 전주의 땅이다.

龍과사람의 인연을 전하게 되었고, 이어 민족문화를 크게 선양 하였으며 그 시대인은 책임을 미루지 않고 "査海文化展"을 통과하였다.

우리는 오래된 玉, 龍 文化와 圖 와 文 등을 아울러 전시함으로서 관중과 붕우들이 볼 수 있게 되었다. 따라서 일차적으로 미적 향유를 얻었고 문화적 훈도를 갖게 되었다.

사해유지 박물관은 개관한지가 얼마되지 않았지만 부신의 하나의 명물이 되었다. 따라서 부신의 대외적 개방과 교류가 촉진되었고, 부신의 선전과 부신의 지명도가 제고되었으며. 모두 다 갖추었다.

귀하께서 참관하신 후의 결론은 귀하가 사해 선민의 창조적인 휘황찬란한 문화 및 스스로 자랑하고 있는 것을 보았다! 이사소한 보물의 문화적 유산은 우리들을 고금과 현실의 대화를 하게 하였다. 역사는 이에 이르니, 사해 선민은 중화민족의 팔천년 전 문명의 위대함에 점화하였다!

30분간의 사해 박물관을 관람하고, 책을 구입했다. 구입 책은 옥용고향 문명발단, 홍산 문화 학술 연토회 논문집, 계란 재 부신, 요금사 연구이다.

사해 박물관 입구에 세워 놓은 중화제일 촌 상징 탑

17시 34분에 출발하여 45분에 주유하고 18시에 출발했다. 부신참阜新站 391km지점을 18시 5분에 통과하여 G-25 고속도로에 진입했다. 19시 45분에 조양朝陽 TG 통과〈160元〉하고 20시 5분에 호텔에 도착했다. 호텔식당에서 저녁식사를 21시 50분에 마치고 546호실에 이종호 박사와 투숙하여 한잔하고 23시에 취침을 했다.

식당에서 요리 선택

저녁 식사하는 일행

4. 2015. 3. 9. 月

07시에 기상하고 08시 30분에 아침식사를 마치고, 09시 16분에 호텔을 출발하여 09시 31분에 북탑 광장에 도착했다.

당나라 때에 건립하였고 요나라 중희13년〈西紀1044年〉에 중수한 탑이다. 방형공심方形空心 13층으로 密첨式〈처마〉전탑塼塔이다. 탑신사주塔身四周에는 좌불坐佛이 있다. 협시脇侍, 화

북탑 전경

개華蓋, 비천飛天 등이 부조되어있다. 塔을 중수重修할 때 지궁내地宮內에서 경당經幢 등 문물이 발견되었다. 아울러 十二 층 첨 중에서는 요대遼代의 궁내장문물宮內藏文物이 대량 발견되었다. 塔주위에는 북위지층北魏地層이 발견되었고, 당대唐代와 요대의 전각주초殿閣柱礎돌이 발견되었다.

북탑 앞의 향로

조양시의 북탑과 남탑을 둘러보고 조양박물관은 휴관이라 10시에 출발하여 조양시 상징물을 사진찍고 10시 37분에 출발하여 용성龍城 TG를 10시 57분에 통과하고 11시에 G-25〈530km〉진입했다.

조양 박물관 외관

조양시 상징 기념물

보관 중인 저룡

우하량牛河梁 복무구服務區에 11시 55분에 도착하여 점심식사를 하고 12시 51분에 출발하여 13시 10분에 능원凌源 TG를 나와서 "中華五千年 文明的瑞塔"을 보러 갔으나 탑은 철거되고 정상의 저룡猪龍만 별도로 보관하고 있다. 왜 철거했을까! 저룡만 보관하고 있는 것을 볼 때 다시 탑을 세울 모양인데 몇 천년짜리 탑을 세울 것인고!?. 이와 같이 역사를 정립하지 못하고 갈팡질팡하는 것을 느끼게 된다.

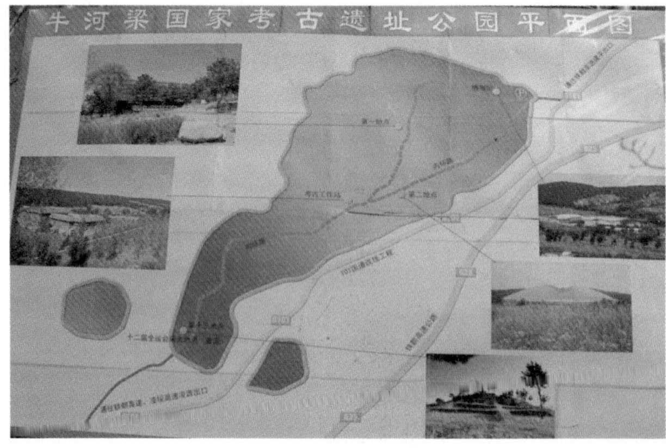

우하양 유지 배치도

성지 우하양 석비

새로 건조된 여신상공원

새로 건축한 우하양박물관

옛날에 보지 못하던 포스터가 있다 "紅山 女神誌 故鄕 建平" 14시 30분에 우하양牛河梁유지 광장에 도착했다.

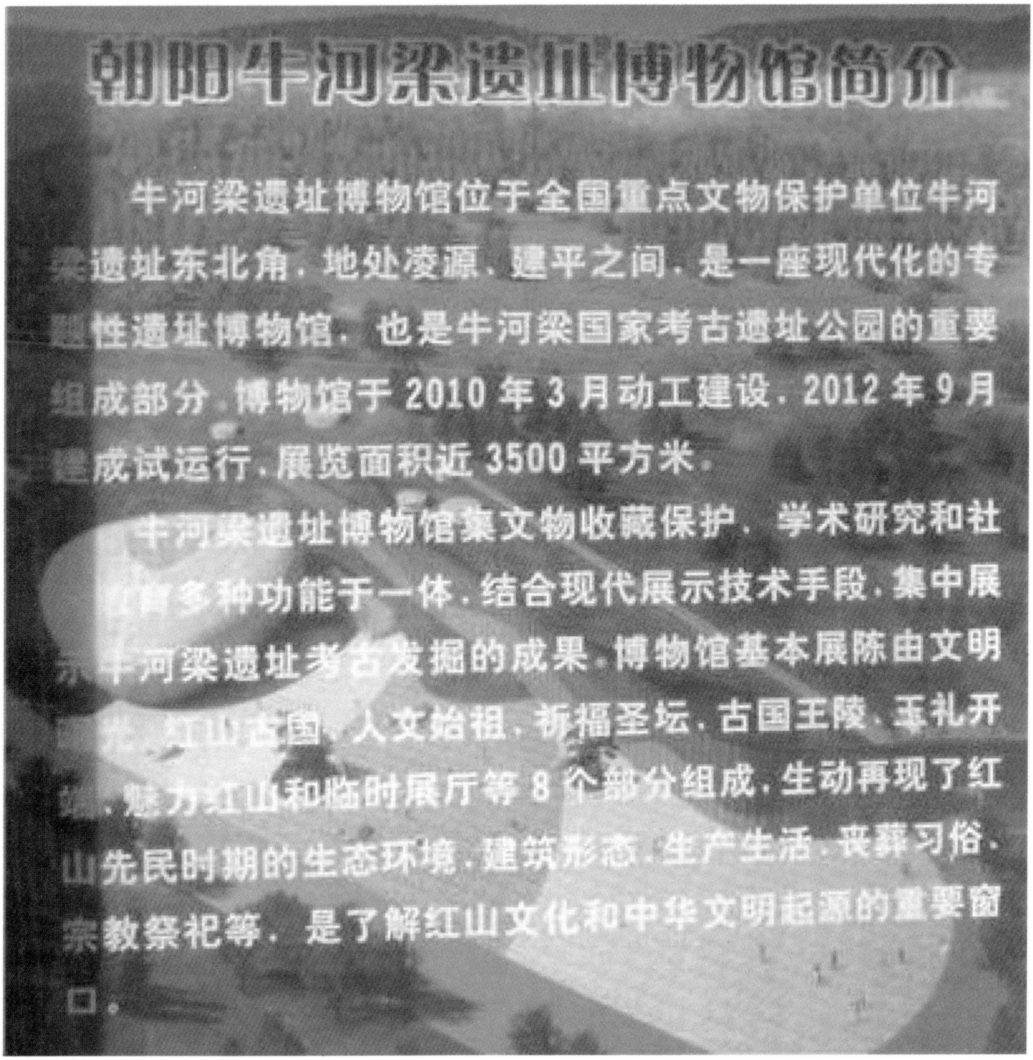

朝阳牛河梁遗址博物馆简介

牛河梁遗址博物馆位于全国重点文物保护单位牛河梁遗址东北角，地处凌源、建平之间，是一座现代化的专题性遗址博物馆，也是牛河梁国家考古遗址公园的重要组成部分。博物馆于 2010 年 3 月动工建设，2012 年 9 月建成试运行，展览面积近 3500 平方米。

牛河梁遗址博物馆集文物收藏保护、学术研究和社会教育多种功能于一体，结合现代展示技术手段，集中展示牛河梁遗址考古发掘的成果。博物馆基本展陈由文明曙光、红山古国、人文始祖、祈福圣坛、古国王陵、玉礼开端、魅力红山和临时展厅等 8 个部分组成，生动再现了红山先民时期的生态环境、建筑形态、生产生活、丧葬习俗、宗教祭祀等，是了解红山文化和中华文明起源的重要窗口。

朝陽 牛河梁 遺趾 박물관 簡介

牛河梁遺址 博物館은 全國 重點文物 保護單位 牛河梁遺址로 東北方에 位置하며, 凌源과 建平 간에 있다. 이는 現代化된 專門性 遺址博物館으로서 牛河梁 國家考古遺祉 公園의 重要 組成部分이다. 2010年 3月부터 2012年 9月에 竣工하였다. 展示面積은 3,500㎡이다. 牛河梁遺址 博物館은 文集을 收藏 保護하고, 學術硏究와 社會敎育 等 多種을 一體化하고, 結合 現代 展示技術 手段으로 集中展示한 것은 牛河梁遺址 考古發掘의 成果이다. 博物館의 基本 展示陳列은 文明瑞光, 紅山古國, 人文始祖, 祈福 聖壇, 古國王陵, 玉禮開端, 魅力紅山과 臨時展示 等 八個 部分으로 生動 再現함으로서 紅山 先民時期의生態環境, 建築形態, 生產生活, 喪葬風俗, 宗敎祭祀를 理解하는 것이 紅山文化와 中華文明 起源의 重要한 窓口이다.

여신묘비

1500평〈500묘〉조림공정 기념비

조양 우하양유지 박물관과 여신 묘 보호 전시관은 관람하지 않고 기념물 표지 사진만 찍었다.

女神廟碑

女神 廟는 于梁 頂部에 있으며, 表層에서 發掘했으며 平面狀態로 '中'字形으로 半地穴式이다. 方向은 北에서 20東으로 기우러져 잇다. 主體는 가운데 主室이고, 東西에 側室이 있다. 北室과 南三室은 連이어져 一體로 되어 있다. 南쪽에는 單室이 있다. 總範圍는 南北길이가 25m이고, 東西폭이 2~9m이다. 面積은 75㎡이다.

… 凌源市 人民政府 建立 2006. 07. 01.

다음에 우하양 유지 제2지점을 관람했다.

돌으로 된 우하양 유지지

牛河梁 遺趾 第2地點 해설

이곳은 海拔 約 625m이며, 南으로는 第3地點과 200m이고, 北으로는 第1地點인 女神廟 遺蹟과는 1,050m에 位置하고있다.

第 2地點 所在의 地勢는 平坦하며 開闊하다. 北쪽이 若干 높고 南쪽은 낮은 5~6의 傾斜地이다. 地表는 近代에 이르면서 耕作地로 活用되었다. 遺蹟地의 範圍는 東西가 130m이고 南北이 45m며 共占 地域은 5,850m²이다. 이 牛河梁은 開發되기 前의 범위는 最大의 積石 群으로되어 있었다. 番號를 매겨 分類했는데 單元이 6個, 單元 1~6個의 積石, 第3單元은 圓形祭壇, 2號塚과 3號塚 祭壇은 여러個의 塚群의 中心이다. 2號塚 中心에는 大墓가 있다. 墓口의 섬돌에는 方形의 塚台가 있고, 墓壁에는 三層의 台階가 있다. 이미 發掘된 牛河梁의遺趾 墓葬은 當代에 規格 最高의 墓葬이다.

第2地點 保護展示館은 2009年에 着工하여 2012年에 竣工했다. 工程建築面積은 7,200m²이다.

製造費用은 近 1億元이 所要되었다. 清華 大學校 建築 設計研究院에서 主管하였고, 英國皇家 建築師協會 聯合設計가 하였다. 遼寧 國際建設 工程集團 有限工事 等 三個 有限公司가 施工을 맡았다. 主體는 可逆 鋼結構 型式이며, 外掛 氣化 銅裝飾板으로하고, "變形的 玉猪龍"의 設計理念으로 하였다. 이 工程은 朝陽市로는 最大로 複雜한 異型 鋼結構 管桁架(관형가)및 複屬 屋面建築 工程으로 하였다. 東北 最大의 銅版으로 外裝飾材料의 工程이다. 全國大遺趾保護 工程中 設計가 가장 複雜했다. 造型은 가장 아름다운 文物保護 展示 工程이다.

16시 31분에 발차하여 G-306路 160km__지점이다. 2차선으로 아스팔트 포장이 잘되어 있다. 오화五化 TG를 17시 9분에 통과 하고, 17시 44분에 영성寧城 TG를 통과하고 17시 53분에 영성탑유지寧城塔遺趾에 도착하였으나 출입문 폐쇄로 원경遠景으로 구경만하고 18시에 출발했다. 18시 40분에 소성자小城子 TG를 통과하고, 19시 36분에 남대부자南大富子 TG를 통과하고 19시 49분에 적봉赤峰 TG를 나와서 20시 10분에 파림석주제주점巴林石主

적봉시가의 야경

우리 일행의 저녁식사 광경〈우실하 교수의 설명〉

題酒店(호텔)에 도착했다. 우실하 교수를 만나 43°9 양화가羊火鍋식당에서 저녁식사는 20시 30분부터 22시 30분에 마쳤다. 22시 40분 호텔에 와서 내일의 계획을 우교수와 협의했다. B-506호실에서 이종호 박사와 같이 23시에 취침했다.

5. 2015. 3. 10. 火

06시에 기상했다. 08시 40분에 아침식사를 마치고, 10시 10분에 출발하여 하가점하층 입구에 10시 50분에 도착했다.

여러 번 오는데 변한 것은 옛날에는 없던 묘가 많이 들어섰다. 넓은 평지를 살피며 유물을 찾고 있다. 이종호 박사는 치아齒牙를 하나 발견하여 수습했다. 과연 4,300년 것 일까 의문이다.

새로 들어선 묘군

어느 특정인의 뒤 분묘는 형편없고 비석은 고급

멀리서 본 하가점하층 유적 구릉

夏家店下層遺蹟 地域 입구의 碑石 뒷면 解說

夏家店下層遺蹟은 赤峰市級 重要文物 保護單位이다. 이遺蹟은 東에서 夏家店 東 遺蹟 第4地點 東쪽의 砬子溝부터 西쪽에는 楊家營子 村洞遺址群 第9號地點 西쪽 洞子溝까지이다. 남쪽은 英金河灌渠〈水路〉에 이르며, 北쪽은 平坦한 丘陵耕作地이고, 南쪽은 周邊의 保護地로 되어 있다. 이範圍內에는 누구도 들어올 수 없으며, 혹 個人이라도 建築을 할 수 없다. 取土, 採石이나 爆破 等危險 行動으로 遺址 安全에 原形을 變形하는 行動은 할 수 없다. 違反者는 處罰을 받는다.

〈中華人民共和國 文物 保護法〉

… 赤峰市 松山區 人民政府. 2004年6月

夏家店遗址群为赤峰市级重点文物保护单位，该遗址东自夏家店村东遗址第四地点东侧砬子沟起，西至杨家营子村东遗址群第九地点西侧洞子沟止；南到英金河灌渠，北到平顶山山顶耕地的南侧边缘为保护范围，在此范围内任何单位或个人不准进行建筑、取土、挖掘、采石、爆破等危及遗址安全或改变其原貌的活动，违者将依照《中华人民共和国文物保护法》惩处。

赤峰市松山区人民政府

二00四年六月

12시 15분에 출발하여 12시 45분에 홍산공원 등산입구에 도착하여 내려서 주변사진을 찍었다.

홍 산

홍기로(紅旗路)의 난장시장(亂場市場)

알 수 없는 암각화(岩刻畵)

새로 건설한 저수지

13시 20분에 홍산공원 입구에 도착했다. 나는 수차 왔으므로 차내에서 기다리고 다른 분들은 공원에 들어갔다. 14시에 출발하여 14시 3분에 홍기로 시장에 내려서 구경을 하고, 식당에서 간략하게 점심식사를 했다.

14시 40분에 출발하여 15시 15분에 송산수비참을 통과하고 15시 23분에 삼좌점 유적지에 도착했다. 나는 두 번째 옴으로 일부만 돌아보고 다른 분들은 전부 둘러보았다. 주변에 저수지를 건설하여 유적지가 일부 훼손되고 있다. 이 유적지에는 해설문이 없다. 자료는 제 17차 답사기록을 참고하면 될 것 같다.

16시 5분에 출발하여 16시 19분에 송산松山 TG를 통과하고 16시 41분에 팔가 TG를 통과하니 17시에 적봉 박물관에 도착했다. 여기서 기다리고 있던 우실하 교수의 친절한 해설을 들으며 관내를 일주했다. 이 적봉 박물관은 새로 거대하게 신축하고 먼저 박물관은 문화원으로 사용한다고 한다. 나는 수차례 옴으로 내부 진열유물에 대한 사진은 안 찍었다.

적봉 박물관의 표석

적봉 박물관 출입정문

적봉 박물관 전경

18시 18분에 출발하여 18시 20분에 우실하 교수가 교환교수로 와있는 적봉 학원에 갔다. 우교수 사무실에서 많은 이야기를 듣고 19시에 출발하여 저녁식사를 할 취점소고 식당

적봉 박물관 전경

적봉 박물관 입구 간판

적봉 박물관 관람수칙

적봉 학원 정문

적봉 학원 표지석

우실하 교수 사무실에서

에 19시 20분에 도착했다. 식사를 마치고 21시55분에 호텔에 도착하여 이종호박사와 또 한잔하고 22시 30분에 취침했다.

이 박물관에는 수장품이 워낙 많아서 도록집을 참고하기 바란다.

6. 2015. 3. 11. 水

09시에 아침식사를 마치고 09시 42분에 출발하여 10시 18분에고속도로 G-45의 북경기점 835km 지점에서 진입했다. 10시 58분에 G-305 국도로 바뀌고 다시 G-11의 고속도로를 거쳐 11시 33분에 오한기 박물관에 도착했다. 관장과 왕 연구원과 인사했다. 오한기 박물관 벽에는 "五千年 文明見證"이라는 표어가 붙어있다. 오한기 경내에는 많은 유적지가 있어 이들 유적지와 오한기 박물관에 소장하고 있는 진보품珍寶品 몇 가지를 제시한다.

敖汉古文化

敖汉旗位于努鲁儿虎山北麓，科尔沁沙地南缘。是燕山山脉与松辽平原过度带。全旗总土地面积 8300 平方公里，人口 60 万，辖 15 个乡镇苏木、2 个办事处。这里是中国古代农业文明与草原文明的交汇处。这种特殊的地理环境，孕育了这里古老的历史文化，使这里出现了一系列震惊中外的考古发现，出土了一大批举世闻名的文物珍品，产生了以当地地名命名的小河西、兴隆洼、赵宝沟、小河沿四种考古学文化。这些重要的遗址及其出土的文物，展示了这里近万年来所历经的古国文明的发祥，方国文明的发展与帝国文明的发达，显现出一万年间这里所产生的新石器文化的灿烂、青铜文化的辉煌以及契丹帝国文化的绚丽。

敖汉的万年史证，确立了其在中国北方乃至东北亚地区史前考古研究的中心地位，是文明太阳升起的地方。

敖汉的万年史证，给人以启迪，给人以振奋，给人以自豪，给人以智慧，给人以动力。她使人们知道了自己是从哪里来，又该向哪里去！

오한기 古文化

오한기의 지리적 위치

오한기(敖漢旗) 고문화(古文化)

敖漢旗는 奴魯兒虎山 北麓이며 沁沙地 남쪽에 位置하며, 燕山山脈과 松遼平原 一帶이다. 面積은8,300km² 이고, 人口는 60萬名이다. 行政區域은 15個의 鄕과 鎭으로나누어져있다. 2곳의 辦事處가 있고. 그리고 중국 古代 農業文明과 더불어 草原文明이 어우러져있다. 이와 같은 특수한 地理的 環境으로 아주 오래된 歷史文化가 孕胎發展하였다. 한系列의 놀란 만 한 中外的 考古가 發見되었다. 하나의 큰 衝擊을 준 世上에 널리 이름이 날린 文物珍品이 出現했다. 生産된 該當地名은 小河西, 興隆窪, 趙寶溝, 小河沿의 4種 考古學文化다. 重要한 遺趾와 文物은 近 萬年來의 歷經的 古國文明 發祥地로 展示하였다.

지역 국가의 문명발전과 제국帝國의 문명발달 그리고 지금까지 나타나지 않았던 것이 일만 년이 지나서 이곳에서 신석기문화로서 찬란하게 출현되었고, 青銅文化의 휘황輝煌한 계란제국문화契丹帝國文化로 현려絢麗하게 이어졌다. 오한기 만년역사의 증거로, 중국 북방 내지 동북아지구의 사전역사의 연구중심지위와 문명태양이 띠오르는 지방으로 볼 수 있다.

古国文明的发祥

古代遗址数量居全国县级之首

通过文物普查，发现各个不同时期的古代遗址点4000余处，其数量占全区六分之一，占全市二分之一，《中国文物报》刊载"敖汉旗文物普查居全国县级之冠"。

古國 文明의 發祥

古代遺趾 數量 全國 縣級 中 首位이다. 이곳의 文物을 普査에 의하면 各其같이 않은 時期의 古代遺趾가 4,000餘 곳이다. 그 數量의 占有率은 全國의 六分의 一이고, 全市의 2分의 一이다.〈中國文物보〉刊載 "敖漢 旗文物普査에 依하면 全國縣級의冠이다."

소하서 유지〈1984년〉〈고고학문화 최다로 명명〉

흥융와유지〈1992년 발굴〉〈화하 제일촌 명물 해내외〉

命名的考古学文化最多

以敖汉地名命名的考古学文化达四种。有近万年的小河西文化，8000年的兴隆洼文化，7000年的赵宝沟文化，4500—5000年的小河沿文化，这些考古学文化的发现命名，填补了中国北方考古编年的空白，将这一地区新石器时代的历史向前推进了3000年。

华夏第一村名扬海内外

著名的兴隆洼遗址距今8000年，由于面积大、时代早、保存好，被学术界誉为"华夏第一村"。

敖漢旗 地名의 命名에 있어 考古學文化에 이르는 四種類다. 小河西文化는 近 萬年,興隆窪文化는 8,000년 趙寶溝文化는 7,000년, 小河沿文化는 4,500~5,000年 等 考古學的 文化 發明으로 命名하였다. 이로서 中國北方의 考古編年의 空白은 메웠다.

흥융구유지〈2001년 발굴〉〈한작농업의 발원지〉

초모산유지〈2001년 발굴〉〈중국최초 금자탑식 건축〉

世界旱作农业的发源地——兴隆沟遗址

从兴隆沟遗址浮选出来的碳化粟和黍经过中国社科院考古研究所实验室和美国哈佛大学、加拿大多伦多大学试验后，确认是中国北方最早的种子，比欧洲早2700年，由此被学术界定为是横跨整个欧亚大陆旱作农业的发源地。

中国最早的金字塔式建筑——草帽山遗址

这是一处坛、冢合一的红山文化祭祀遗址，内方外圆，层层叠起，是我国现存时代最早的地上建筑之一。

본항은 번역하지 않음

著名한 興隆窪遺趾는 距今8,000년. 面積이 크며, 일은時代로 保存이 良好하다. 學術界에서는 “夏華第一村”이라고 한다.

草帽山遺趾는 壇과 塚이 하나로 어울린 紅山文化 祭壇의 遺趾로서 안쪽은 네모지고 밖은 둥글며 層層 階段으로 이루어진 現存하는 가장 오래된 地上의 建築物 中의 하나다.

이 성자산유지는 아직 발굴이 되지 않았다. 예산이 없다고 한다. 이 유지는 살력파향과 마니 한향의 경계에 위치하며, 합랍구촌에서 약4km거리이다. 산정상의 유물들은 잘 보존 되어 있으며, 유지의 분포범위는 6.6km²이다.

이 대전자묘지는 최대의 하가점하층 문화묘지로 거금 4,000년 전의 묘역이며, 1,200묘좌가 발견되었다. 깨끗하게 정리된 것이 808좌이고 출토 수는 천여 건으로 채회 도기, 옥기 등의 출토로 조기국가임을 실증하고 있다.

大甸子遺趾

“海内外孤篇”——大甸子墓地

最大的夏家店下层文化墓地，距今4000年，发现了1200座墓，清理808座，出土数千件彩绘陶器、玉器，被誉为早期国家出现的实证。

성자산 1호유지 평면도

다음은 오한기 박물관에 수장하고 있는 진보품 몇 가지를 제시한다.

오한기박물관에 수장문물은 6,000여 점으로, 문물표본 중량이 10돈에 달한다. 이중 일, 이, 삼급으로 이 세상에서 보기드문 진귀한 문물 진품으로 고독한 물품이다.

玉결〈佩玉〉〈興隆窪〉직경3.6cm　黃玉龍〈紅山〉높이7.1cm　碧玉龍〈紅山〉높이5.1cm　碧玉龍〈紅山〉높이7.5cm

류금은복면 〈遼代〉　三彩香熏〈遼代〉　鷄冠壺 〈遼代〉　彩繪陶력〈大甸子遺趾〉

紫定印花碗〈宋代〉口徑 16.3cm　影靑瓷鉢〈宋代〉口徑 8.1cm　黑釉葫蘆甁〈遼代〉高 35.7cm

12시 40분에 출발하여 12시 43분에 왕중왕王中王 식당에 도착하여 13시 15분에 점심식사를 마치고 왕연구관도 같이 성자산 유지를 향하여 13시 23분에 출발했다. 봄이 오는지 나뭇가지가 연녹색을 띄고 있다. 표지도 없는 2차선 아스팔트길을 마음 놓고 잘 달린다. 마침 앞에 가는 차가 땔감나무를 높이 싣고 가는데 4m이상의 넓이로 앞이 잘 안 보이는 데도 추월하기 위하여 좌측으로 추월하는데 길이 트이지 않아 삼각지점의 백양나무를 들러 받았다. 14시 50분이다. 앞 유리창이 깨지고 승차한 모두가 충격을 받아 다쳤다. 겨우 출입문을

열고 나와 놀란 가슴을 진정하며 쉬고 있다.

잘 정비된 성자산 유지가는 길

답사이동 중 백양나무를 들이받은 버스

뒤에 보이는 차가 땔감나무 실은 차

대체된 봉고차

대체로 온 봉고차를 타고 16시 40분에 출발하여 하와중심下窪中心 위생원에 와서 모두 진찰을 받고 진단서를 발급받고 소정의 요금을 지불했다. 20시 45분에 발차하여 21시 46분에 오한기에 있는 관동대원關東大院 식당에 도착하여 박물관장과 전언국田彦國 과장도 동석하여 회식을 했다. 22시 50분에 금도빈관에 도착하여 2,205호실에 투숙했다.

7. 2015. 3. 12. 木

07시 30분에 기상하여 08시 30분에 아침식사 마쳤다. 10시 20분에 출발하여 건오선建敖線 S-205호선을 거쳐 혜주참惠州站에 11시 34분에 들려서 쉬고, 474km에서 G-16 고속도로로 진입했다. 대능하는 해빙되고 있다. 13시 10분에 송령문松嶺門 휴게소에서 점심거리를 사고 이박사가 산 38°짜리 술로 차내에서 점심식사를 때웠다. 16시 11분 144km지점에서 G15 고속도로로 진입해서 17시 32분에 서해휴게소에 도착했다. 용변을 마치고 48분에 출발하여 18시 44분에 대련수비참 통과〈620元 지불〉하고 19시 15분 공항에 도착했다. 비행기 좌석지정으로 200,000원식 추가로 지불했다. 21시 3분에 발차하여 향군각주점香裙閣酒店호텔 531호실에 투숙하여 짐을 놓고, 이가소관李家小館식당에 가서 22시에 저녁 식사를 마치고 돌아와서 23시 10분에 취침했다.

향군각주점 호텔의 행운독수리

저녁 식사하는 우리 일행

대련시의 야경 조명 장치〈전력이 풍부한지 중국도시는 대개 이렇다.

8. 2015. 3. 13. 金

06시에 기상했다. 9시에 아침식사를 마치고, 11시 45분 고려박물관 황희면 관장이 올 때까지 환담을 했다. 12시 30분에 은행에서 환전을 했다. 환율은 약20배다. 점심식사는 어제 저녁을 먹은 이가소관식당에서 먹었다. 14시에 마치고 호텔에 돌아와 로비에서 잡담을 하였다. 저녁 식사는 황 관장의 단골인 豊明餐飯〈해산물〉식당에서 푸짐한 식사를 했다. 이종호 박사 김종식 사장 전만길 사장과 나 그리고 황 관장과 황 관장의 친구인 손부민孫夫民씨가 동석했다. 계와 소라 등 비싼 해물로 실컷 먹고 마셨다. 저녁 늦게 서야 호텔로 돌아와서 바로 잤다.

김종식 사장과 황희면 관장

손부민씨와 전만길 사장

황 관장과 손부민씨

9. 2015. 3. 14. 土

06시 30분에 기상했다. 09시에 아침식사를 마치고 10시 10분에 출발하여 G-202 고속도로를 경유 강산유적지崗山遺蹟趾에 10시 49분에 도착했다. 문은 잠겨있어 들어가지도 못하지만 완전히 황폐화되어 있다. 사진만 찍고 돌아섰다.

강산누상 표지 비

잡초로 덥힌 유물

강산표석 비

11시 5분에 출발하여 11시 20분경에 영성자營城子 한묘유적지漢墓遺蹟趾에 내려서 외관사진만 찍고 11시 21분에 출발했다. 11시 28분에 고려박물관에 도착했다. 박물관 주변을 둘러보고 관내에 들어가서 일주하며 몇 장의 사진을 찍었다.

14시 30분에 점심식사를 완료하고 14시 39분에 출발하여 14시 57분에 여순 일아감옥日俄監獄구지에 도착했다.

영성자 한묘(漢墓)의 외관

영흥사(永興寺)

1층 민속박물관 2층 고려박물관

고려박물관에 소장되어 있는 유물들

12시 30분에 출발하여 G-202로의 1766km지점에 있는 수사영水師營에 왔다. 일본시대의 관동주關東州〈식민지〉통치의 유적건물들을 둘러보고, 일본 관동헌병사령부 구지舊址를 식당으로 개수하여 영업을 하는 곳에서 점심식사를 했다.

일본 관동 헌병사령부 구지

여순(旅顺) 일본 관동 헌병사령부 구지

여순 일본 사범학당 구지

중소우의(中蘇友誼) 기념탑

여순(旅順) 박물관

우리 일행 점심식사

朝鮮 愛國志士 安重根을 拘禁했던 監獄

安重根〈1879-1910〉朝鮮 黃海道 海州府 사람이다. 1907年 朝鮮 義兵運動에 加擔하여 參謀中將을 擔當하였으며, 1909年 '大韓獨立同盟'組織에 參與하였다. 同年10月 26日 그는 中國의 하얼빈驛에서 日本帝國主義 中心人

여순 일아감옥 구지

囚禁朝鲜爱国志士安重根的牢房

安重根(1879-1910)，朝鲜黄海道海州府人。1907年参加朝鲜义兵运动，任中将参谋。1909年参与组织"大韩独立同盟"。同年10月26日他在我国哈尔滨火车站将日本帝国主义中心人物、前朝鲜首任统监伊藤博文击毙。被捕后于11月3日押送到旅顺监狱，被作为日本的"国事犯"单独囚禁在看守部长值班室旁的这间牢房里。1910年3月26日上午10时，安重根在监狱绞刑场就义，年仅32岁。

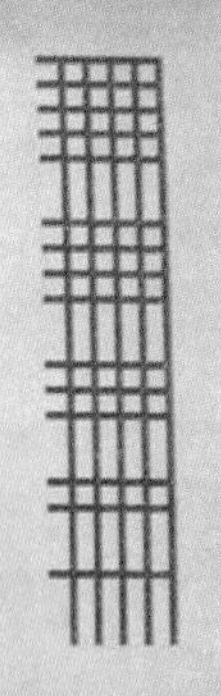

Korean Patriot Jung-Gun Ahn's Prison Cell

Jung-Gun Ahn (1879-1910) was born in the Haeju district of Hwanghae province, Korea (now North Korea). In 1907, he was a lieutenant general in the Korean independence movement, led many battles against the Japanese Imperial Army, and participated in the Congress for Korea's Independence that was held in 1909. Later the same year, on October 26, at the Harbin railway station in China, he assassinated Hirobumi Ito, who was forcibly installed as the first governor of Korea and was the chief designer of Japan's aggressive imperial policy. After his arrest for the assassination, he was taken to Lüshun Prison on November 3, and held in solitary confinement as a political prisoner in a cell next to the warden's office. At 10 AM on March 26, 1910, he was executed by hanging, becoming a martyr for the cause of Korea's independence from Japanese occupation at the age of 32

조선애국지사 안중근을 구금했던 감방

안중근(1879-1910)은 조선 황해도 해주부 사람이다. 1907년 조선의병운동에 가담하여 참모중장을 담당하였으며 1909년 "대한독립동맹" 조직에 참여하였다. 동년 10월 26일 그는 중국의 하얼빈역에서 일본제국주의 중심인물로 조선 초대통감을 지낸 이토 히로부미를 사살하였다. 체포된 후 11월 3일 여순감옥으로 압송되었으며 일본의 "국사범"으로 분류되어 간수부장 당직실 옆에 있는 이 감방에 단독으로 구금되었다. 1910년 3월 26일 오전 10시에 안중근은 감옥 교수형장에서 순국하였으며 그때 나이 32세였다.

朝鮮愛国志士 安重根を拘禁した監房

安重根(1879-1910)は、朝鮮黄海道海州府の出身である。1907年、朝鮮の義兵運動に加担し、参謀中将を担当、1909年、"大韓独立同盟"の組織に参与した。同年10月26日、彼は中国のハルビン駅で日本帝国主義の中心人物として、朝鮮の初代統監を務めた伊藤博文を射殺した。逮捕後の11月3日、旅順刑務所へ押送され、日本の"国事犯"として看守部長の当直室の横にある、この監房に単独で拘禁された。1910年3月26日午前10時に、安重根は刑務所の処刑場で絞首刑に処され、殉国。年齢は32才であった。

物로 朝鮮 初代統監을 지낸 伊藤博文를 射殺하였다. 逮捕된 후 11月 3日 旅順監獄으로 押送되었으며 日本의 '國事犯'으로 分類되어 看守部長 當直室옆에 있는 이 監房에 單獨으로 拘禁되었다. 1910年 3월 26日 午前 10時에 安重根은 監獄絞首刑場에서 殉國하였으며 그때 나이 32歲였다.

15시 50분에 출발하여 비행장에 16시 15분에 도착하여 취소된 단체좌석예약을 20만원씩 내고 다시 예약하고 22시에 호텔에 도착하여 23시 35분에 호텔식당에서 저녁식사를 완료했다.

10. 2015. 3. 15. 日

06시 30분에 기상했다. 07시 30분에 호텔을 출발하여 07시 35분에 비행장에 도착했다. 08시 40분에 모든 수속을 마치고 면세점에서 중국 술 해지람海之藍을 68元에 샀다. 9시 10

비행장에서 단체 예약 교섭 중

식당의 식단표본

즐거운 저녁 식사

분에 탑승하고 9시 35분에 이륙하여 구름 위를 나르고 있다. 10시에 물 한 병과 샌드위치 1개씩 받았다. 10시22분에 착륙했다. 10시 55분에 통관을 마치고 집에 도착하니 13시 20분이다. 어려운 여행 이었지만 무사히 마쳤으니 감사할 따름이다.

답사중 구입도서 목록

1. 玉龍故鄕文明發端, 査海文化 研究彙 編, 阜新市 文化 廣電 新聞出版局 編, 2014. 02.24. 180元
2. 紅山文化學術硏討會論文集, 遼寧省文物考古硏究所 編, 遼寧人民出版社, 2013.12. 第1판. 180元
3. 契丹在阜新, 費振斌 主編, 吉林文史 出版社, 2005.03. 第1版. 28元
4. 遼金史硏究, 李兵 主編 吉臨大學 出版社, 2005.02. 第1版. 28元
5. 語文, 一年級下册, 義務敎育課程 標準實驗 敎科書, 小學 語文課程 敎材硏究 開發中心編著, 2014.12. 第15借 印刷, 6.05元
6. 敎師敎學用書, 語文一年級下册, 義務敎育課程 標準實驗 敎科書, 小學語文課程 敎材硏究 開發中心編著, 2014.11. 第18次 印刷, 18.20元
7. 歷史, 七年級上册, 義務敎育課程 標準實驗敎科書, 北京師範大學出版社, 2014.06. 第8次印刷,8.30元
8. 歷史, 七年級下册, 義務敎育課程 標準實驗敎科書, 北京師範大學出版社, 2014.12. 第8次印刷,9.10元
9. 地理圖册, 八年級 上册, 義務敎育敎科書, 中國地圖 出版社, 2012. 5,03元
10. 歷史, 必修 [1], 政治文明歷程, 普通 高中 課程 標準 實驗 敎科書, 2014.07. 第1次 印刷, 14.80元
11. 歷史 地圖册(選修), 普通高中, 星球 地圖 出版社 編制, 2010.06. 第9次 印刷, 8.60元

제 30 차

북경北京 승덕承德 능원凌原 적봉赤峰
파림좌기巴林左旗 심양瀋陽지역 유적지 답사

2015년 7월 28일부터 8월 4일까지

김석규1945生 이수환1947生 우실하… 김남석1958生 김세환1930生
김정석1945生 서 승1942生 강동주1948生 황현규1955生
백은희1958生 김진기1942生 김정홍1941生 남헌호1960生
이선노1962生 최성미1948生 김정곤… 김찬환1972生
김종선1953生 이미래1955生 김남인1983生 오순희1946生
이선희1959生 김영애1956生 이묘일1962生김현순1967生
강명자1960生 정의영1956生 백종인1953生 유병권1960生 강태환1959生

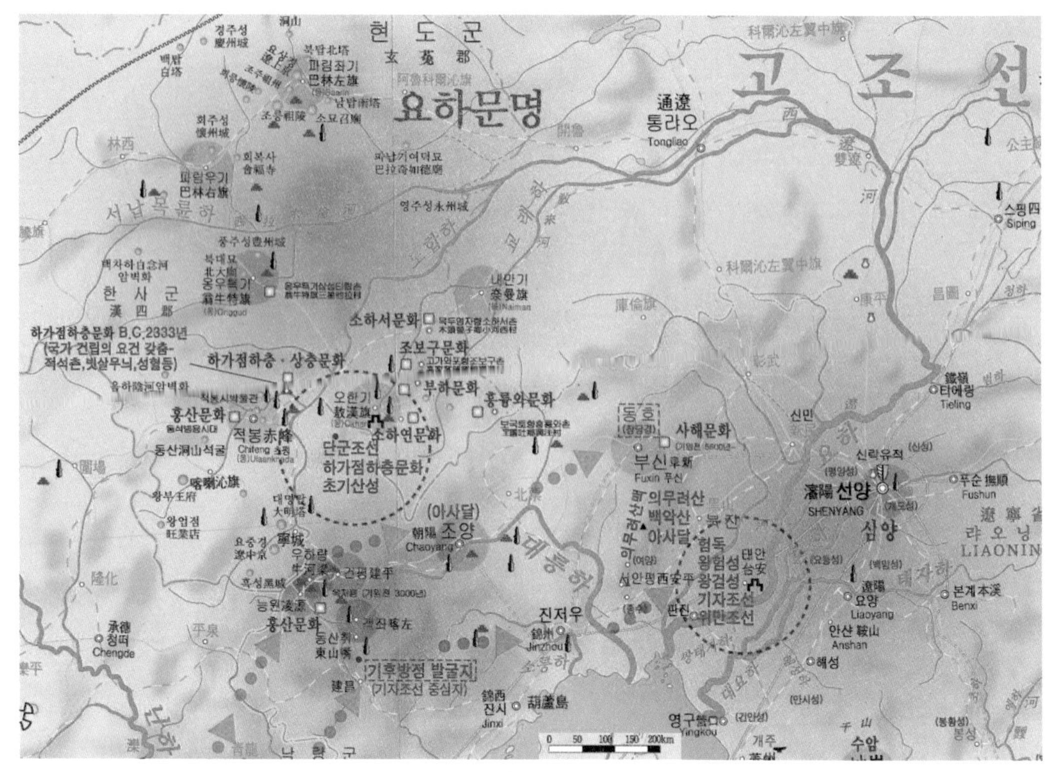

답사지도〈북경–승덕–능원–적봉–파림좌기–심양〉

기행

1. 2015. 7. 28. 火

08시 35분에 집에서 출발하여 08시 46분에 출발하는 전철편으로 09시 8분에 김포 공항역에 도착하였다. 북경행 수속장에 도착하니 09시 18분이다.

우선 중국 원화 22,000元을 41,400원으로 환전했다. 12시 34분에 여권심사를 마쳤으나 출발시간이 많이 늦어져 점심식사를 우동으로 때웠다. 15시 35분에 탑승하고, 16시 1분에 이륙하여 남쪽으로 가다가 16시 5분에 서쪽으로 방향을 바꾼다. 구름 위를 나르고 있다. 16시 40분에 식사가 나왔다. 참치구이 밥과 샐러드, 가스테라와 빵 1개다. 맥주 2깡과 커피를 마셨다. 17시 44분에 북경비행장에 착륙하여 18시 3분에 부리지에 대었다. 18시 21분에 통관을 하고 18시 45분에 짐을 찾고 19시 6분에 버스에 승차하여 7분에 발차 했다.

김포공항에 모인 우리 일행

북경공항에서 버스를 기다리는 우리 일행

저녁 식사를 한 식당

투숙한 호텔과 우리 일행

식당에 배치되어있는 재복 소상

S-12로를 거쳐 16km지점에서 TG를 통과한 것이 19시 31분이다. 다시 東2 순환도로를 거쳐 저녁식사를 하기 위하여 동심루同心樓 고압점고鴨店에 도착했다. 21시 20분에 식사를 마치고 호텔인 7천연쇄주점七天連鎖酒店에 21시 45분에 도착하여 119호실에 金정석씨와 같이 투숙했다.

2. 2015. 7. 29. 水

07시에 기상하여. 김회장을 비롯 몇 분과 시내 산책을 하였다. 08시 20분에서 20분간 간이 아침식사를 마치고 9시 50분에 출발하여, 28일의 일정이 무산됨으로 자금성의 시찰은 취소하고 간곳이 시내에 있는 경산景山이다.

경산은 명사종明思宗이 순국殉國한 곳으로, 1644년 숭정崇禎〈明나라 17代인 마지막 皇帝〉17年 이자성李自成이 농민군農民軍을 영솔領率하고 북경으로 침공하자, 숭정崇禎황제의 대세가 기울러졌음으로 경산에 와서 황세의 죽기전의 조서詔書를 보고 괴수槐樹나무에 목을 매어죽었다는 곳이다. 무려 134계단을 오르는데 관묘정觀妙亭을 거쳐 정상의 만춘정萬春亭에서 북경시내를 관망하고 안개에 싸인 자금성紫禁城을 볼 수 있었다. 만춘정은 금金, 원元, 명明의 3代를 거치면서 휘황찬란하게 꾸민 건축물로서 3층 정자亭子이다. 아름드리 백송白松이 몇 그루가 있다.

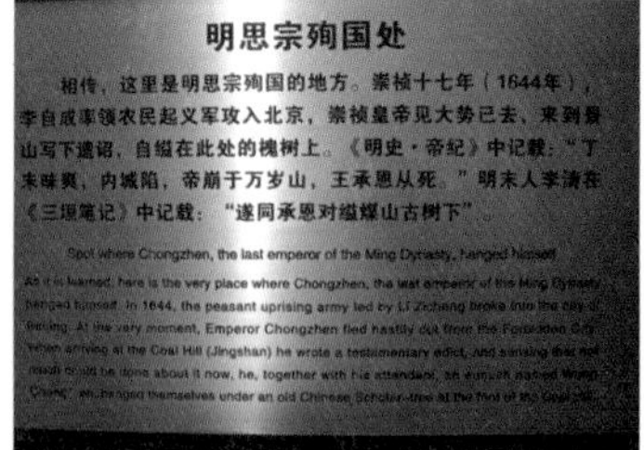

명사종의 순국비와 순국처(殉國處) 해설문

만춘정 전경

우리 일행 세분

안개에 싸인 자금성 원경(遠景)

귀한 백송

10시 40분에 출발하여 11시 5분에 북경 천주교회당에 도착했다.

천주교 북경 교구 선무문(宣武門) 천주당 정문

천주교 북경 교구(敎區) 주교부(主敎府)

북경교구 선무문 천주당

천주교당을 간단이 돌아보고 11시 40분에 출발하여 45분에 유리창琉璃窓거리의 서점에 도착했다. 북경시내에는 트롤리버스가 다니고 있다. 중국서점에 들려 책 두 권을 샀다. 中國名塔 59元과 古銅器 59元이다. 12시 5분에 떠나서 12시 35분에 천단공원天壇公園에 도착했다.

천단은 북경시내의 동남부에 있는 제단祭壇으로서, 세계에서 현존하는 최대의 천제天祭를 지내는 건축물중의 하나이다. 중국의 옛날사람들의 하늘에 대한 자연적인 숭배는 중화민족 문화의 중요한 하나의 행사이며, 천제도 유구悠久한 역사歷史를 가지고 있다. 중국의 오랜 동안의 봉건사회에서는 지배계급의 사람들에게 쌓여온 우주관宇宙觀을 신비화神秘化하고, 하늘은 만물을 주재하는 신령으로 보고 있으며, 황제를 하늘에서 임명한 천자라고 부르고 왔다. 그래서 하늘에 제사를 지내는 것은 점점역대의 제왕에게 중요시하게 되었다. 그래서 황제는 지고무상至高無上의 지위를 가지게 되었다.

천단은 명나라 영락永樂18년〈서기 1420년〉에 창건되었다. 건설초기는 천天과지地를 같이 제사지내면서 천지단이라고 했다. 명나라 가정嘉靖9년〈서기 1530년〉에 교외에서 별도로 제사를 지내게 되면서 북경의 북쪽에 방택단方澤壇을 세워 땅에 제사를 지내게 되었다. 그리고 천지단은 천제만 지내게되었다. 특히 건유년간乾隆年間에 보강하여 오늘날의 웅대한 규모의 제단이 형성되었다.

천단은 부지면적이 273ha로 북은 원형이고 남은 방형으로 되어 있다. 고대의 천원지방天圓地方의 옛 사상을 상징하고 있다. 건축전체는 '回'자의 구조로 되어 있다. 이중의 벽은 단을 내외의 단으로 둘러치고 있다. 주제건축主體建築은 내단內壇에 있다. 내단의 북부는 기곡단祈穀壇의 건축 군이고, 남부는 원구단圓丘壇 건축 군이다. 길이 360m의 통로는 남북으로 통하여 두개의 단을 연결하고 있다. 명明 청淸 시기에는 22인의 황제가 600회에 천제식전天祭式典을 거행했다.

천단은 중국고대에는 최고등급最高等級의 예제건축禮制建築으로 황제의 제단으로서, 중화민족문화의 구현이며, 수 천년의 중화문명을 포함하고 있으며, 고대의 제사성지祭祀聖地 뿐만이 아니고, 중국고대의 역사, 철학, 천문, 회화, 음악, 예제禮制, 역법曆法 등의 지식을 집대성 한 것으로서, 중국의 고대건축으로서는, 가장 걸출傑出한 것으로 가장 완벽한 대표작품이라고 할 수 있다. 여기에 있는 주요건축은 각각의 특색을 가지고 있으며, 극히 상징적의 의미를 풍부하게 가지고 있다. 가령 천단의 남쪽은 방형이고, 북쪽은 원형으로 되어 있는 제단 벽, 원형圓形의 기대基臺, 원형의 지붕, 어느 것 할 것 없이 「천원지방」의 뜻을 상징하고 있다. 기곡단祈穀壇의 기년전祈年殿은 남색 유리 기와로 이어진 지붕은 하늘을 상징하고 있다. 재궁齋宮의 녹색지붕은 고대제왕이 하늘에 대하여 경건한 태도와 하늘의 신하임을 나타낸 것이다. 원구단에 있는 모든 건물들의 조합組合은 최대의 양수陽數로 치고 있는 구九로 통일시키고, 이로서 하늘에 대한 지고무상至高無上의 상징으로 하고 있다. 기연전에 있는 기둥의 합계는 제 각기 1년의 사계四季, 12月과 24節氣, 1日의 12時刻. 하늘의 28宿와 36의 北斗七星을 나타내며, 古代人들의 하늘에 대한 인식과 이해 「天命人從」「天人合一」思想을 충분히 구현하였다.

천단에는 송백이 많이 심어져있으며 고목이되어 울창하게 어울리고 있으며 엄숙하고 그윽한 분위기다. 천단은 민국民國7년〈1918〉에 공원으로서 일반에게 공개되었다. 1961년에 중국 제1회 전국중점보호문물로 등록되었으며, 1988년 12월에 UNSCO에 「세계유산목록」으로 등재되었다.

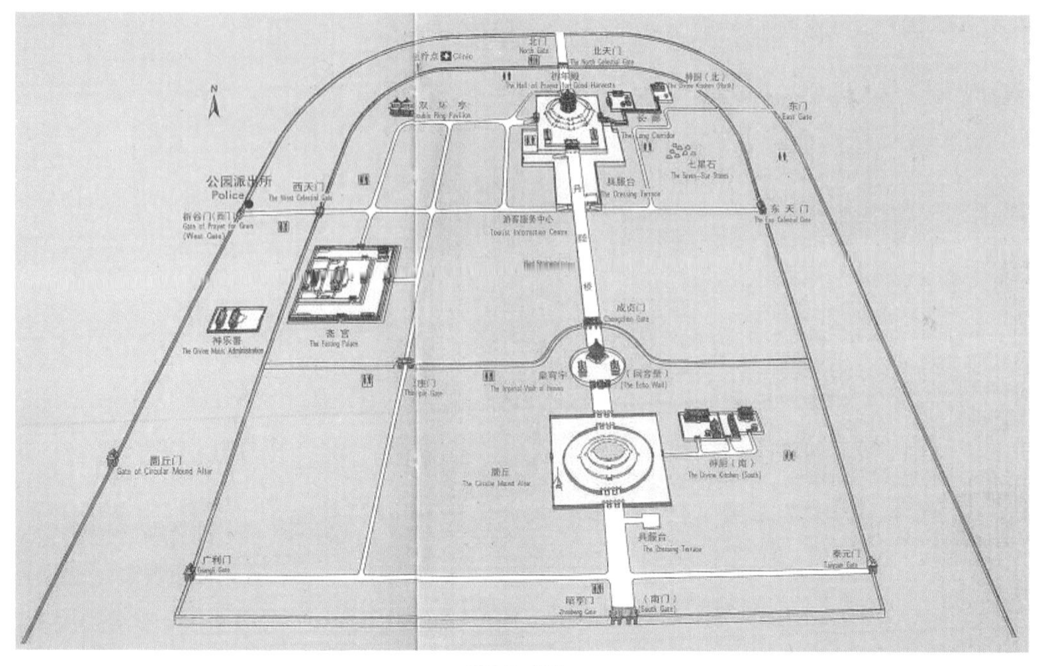

천단의 배열도

원구단전경

원구단의 매층(每層)에 둘려쳐 있는 漢白玉浮彫의 龍欄干

재궁(齋宮) 全景〈녹색 기와〉

황궁우(皇穹宇)〈남색유리 기와〉

祈穀壇의 祈年殿은 3層인데 위층부터
藍色, 黃色, 綠色의 유리기와

祈年殿의 夜景

기년전의 내실기둥이 4(춘하추동), 12(일년12개월), 12(일일12시간), 내외주를 합한 24주는 24(계절), 합계28柱는 28宿을 상징하며, 두주의 8개의 뇌공주를 합하여 36개로 북두칠성을 상징한다. 이와 같은 배열은 사람이 하늘에 대한 인식을 표시한 것이다.

금도금(金鍍金)의 보정(寶頂)이 靑天에 우뚝하다.

기년전의 천정

기년전을 방문한 관광객 들

기년전의 해설간판

기년전(祈年殿)의 解說

「祈年殿은 明나라 永樂18年인 1420年에 創建되었다. 처음 이름은 大祀殿이며, 하나의 矩形大殿이라고 하였다. 天과 地를 合祀하고 있었는데, 嘉靖24年인 1545年에 三重瞻圓殿으로 改名하였다. 지붕은 맨 위가 藍色이고 中間은 黃色이며 아래지붕은 綠色의 琉璃기와다. 天地萬物이 지냄으로 大享殿으로 改名하였다. 淸나라 乾隆16年인 1751年에 三色기와를 藍色으로 統一하고 金頂으로 하였다. 그리고 이름을 祈年殿으로 定했다. 이는 正月인 孟春에 祈谷의 轉用建築이다. 祈年殿의 높이는 38.2m이고, 直徑은 24.2m이고, 內部는 빙 둘러서 기둥이 있는데 4季, 12月, 12時에 맞추고 28宿와 北斗七星에 意味를 賦與하고 있다. 이는 古代 明堂式 建築으로 現存하는 하나의 例示이다.」

대사돈복무구〈뷔페식당〉

13시 38분에 출발하여 14시 12분에 S-11도로를 거쳐 경승京承 고속도로 G-45에 진입하여 7.5km지점에서 14시 23분에 경승수비참을 통과하고 14시 45분에 대사돈복무구大師頓服務區에 도착했다. 뷔페식식사를 마치고 16시 19분에 출발하여 사마태참司馬台站을 16시 36분에 통과하고 17시 45분에 승덕 TG를 통과했다. 요금은 140元이다. 승덕시는 30층 건물이 많으며 차를 세울 빈자리가 없다. 18시 15분에 Super 8 hotel 〈承德 速8酒店〉3층 8315호실에 김정석씨와 같이 투숙했다.

19시에 로비에 모여 19시 30분에 출발하여 19시 53분에 아리랑阿里郎 정찬가訂餐家에 도착했다. 22시 5분에 식사를 마치고 22시 10분 출발하여 22시 20분에 호텔에 와서 22시 30분에 취침했다.

아리랑 정찬가〈석식식당〉 거리를 장식한 등(燈)의숫자 기수와 우수〈기수에 치중〉

우리일행이 숙박한 승덕 速8酒店 外觀 財福 像 로타리광장의 강희제 동상 전국의 速8酒店의 연쇄망중국인은 8을 좋아한다.

3. 2015. 7. 30. 木

06시 30분에기상, 07시 40분에 아침식사를 마치고, 09시에 출발하여 09시 5분에 피서산장에 도착했다.

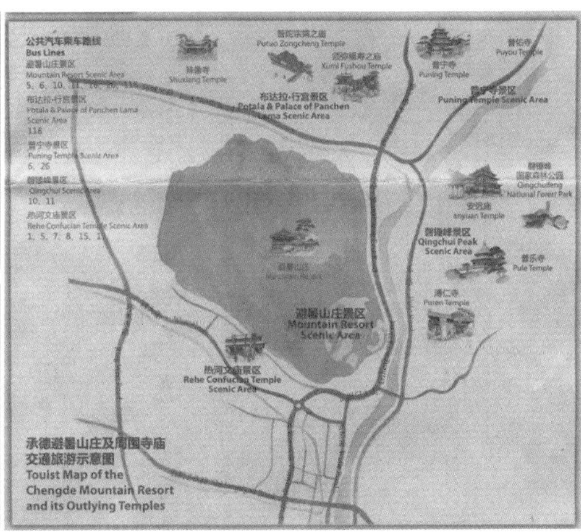

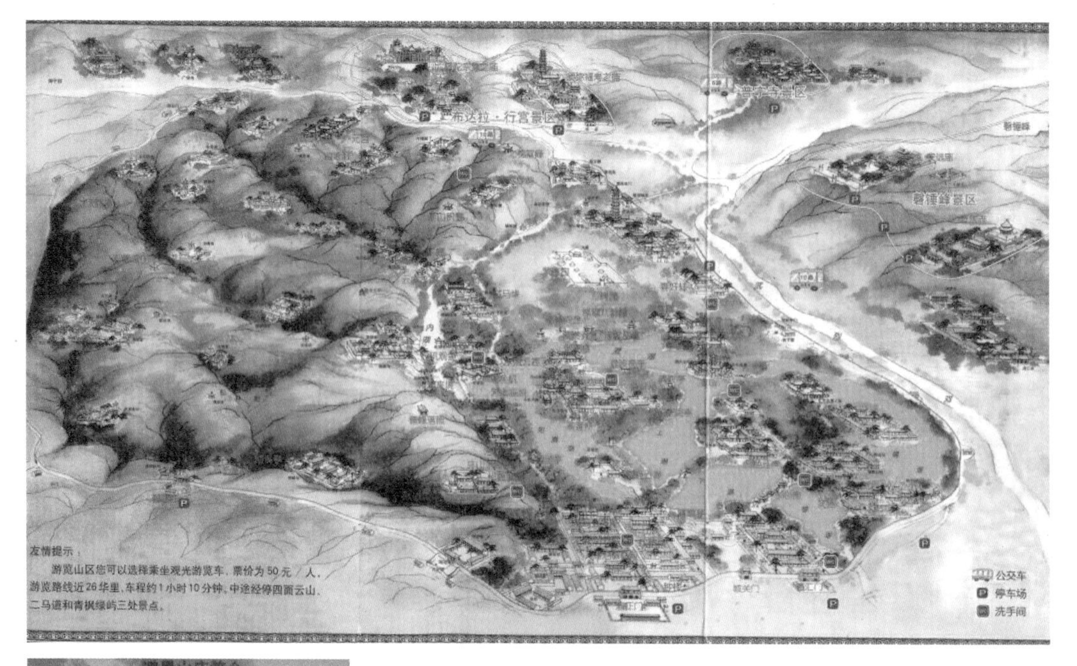

避暑山莊 簡介

이 避暑山莊은 淸나라의 康熙帝와 雍正帝와 乾隆帝의 三代에 걸쳐 西紀1703~1792年까지 89年에 걸쳐 造成한 山莊이다. 총 敷地面積은 5,640,000㎡로서, 現存하는 世界 最大規模의 國家皇城園林이다. 園內西北方은 山岳區이고, 東南方은 湖泊區이며, 東北方은 平原區로서 整體形이 中華國의 版圖와 비슷하다. 山莊造成은 自然을 最大로 살리고 人工的인 假飾은 避했다고 한다. 山과 물과 풀과 나무를 서로 融合하면서 120餘의 造型을 하였는데, 이 構成은 南쪽은 秀麗하게 融合시켰고 北쪽은 一體로 雄壯하게 함으로서, 全國의名勝을 모아 놓은 하나의 莊園으로서 莊嚴하고 美麗한 景觀으로서 可謂 "山庄 咫尺間, 直作 萬里觀"이라고 할만하다. 避暑山庄은 西紀1994年에 UNESCO의 記錄物로 登載되었다.〈世界文化 遺産名錄〉 본 山庄은 淸나라의 遺蹟으로 워낙 廣範圍하고 近世 歷史遺物이므로 더 이상 言及하지 않는다.

10시 55분에 출발하여 쌍봉사雙峰寺 TG를 11시 10분에 통과하고 G-25번 고속도로에 진입했다. 12시 40분에 삼십가자복무구三十家子服務區에서 용변을 마치고 13시 22분에 능원凌源TG를 통과했다. 13시 28분에 가선교자관에 도착하여 점심을 먹었다. 14시 50분에 발차하여 우하량牛河梁 유적지에 16시 10분에 도착했다.

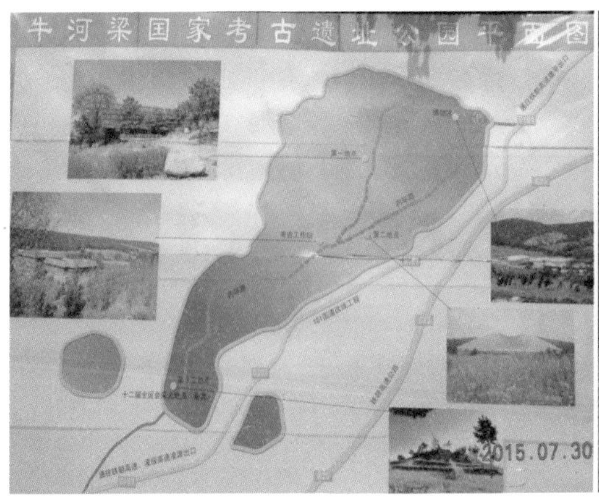

우하량 국가고고(國家考古) 유적지 공원 평면도

성지(聖地) 우하량 석비

새로 조성한 유적지 모양

우리 일행이 여신상을 배경으로 기념사진

신축한 박물관

거대석(巨大石)에 새긴 우하량 유지 박물관

박물관내부에 진열한 유물은 몇 개의 선별사진보다는 도록을 사서보라 권장한다. 책이 잘 나와 있다.

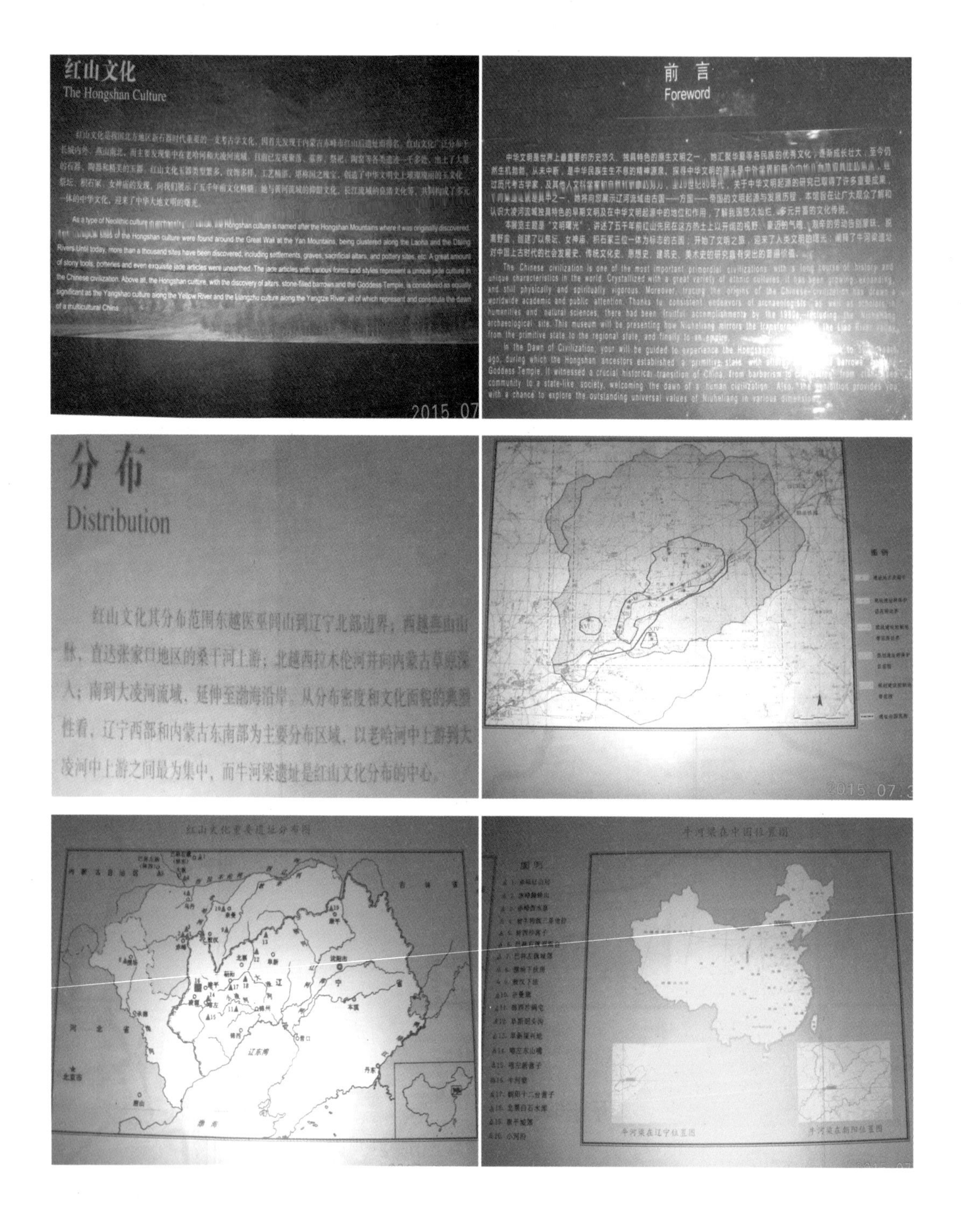

이상의 자료는 필요하신분은 확대해서 번역해 보시면 된다.

제2지점 보호 전시관 내부의 일부분

노천露天유적지인 제2지점 보호 전시관을 위 그림과 같이 복개건물로 신축했는데 2009년에 착공해서 2012년에 준공했으며 총면적은 7,200㎡이며 비용은 1억 원이 들었다고 한다.

17시 15분에 출발해서 여신묘女神墓 발굴유지를 거쳐, 제2지점 전시관은 둘러보고 18시 57분에 출발하여 19시 20분에 서교수비참을 통과하고 20시에 남대영南大營 TG 통과하여 G4고속도로 진입 20시 20분에 표용 TG를 나와서 우실하 교수를 만나 같이 차를 타고 안내를 받아 저녁식사집인 취점소고聚点燒考 정찬가訂餐家에 20시 50분에 도착했다. 22시 50분에 저녁식사를 마치고 출발하여 23시 15분에 숙박여관인 적봉시의 7천연쇄주점 적봉 합달서가점哈達西街店에 도착하여 407호실에 김정석씨와 같이 투숙했다.

식사하는 우리일행 들

4. 2015. 7. 31. 金

07시에 기상하여 08시 30분부터 45분까지 아침식사를 완료하고 주변을 산책하면서 1원짜리 꽈배기를 사서 맛보았다. 10시 40분에 출발하여 10시 51분에 적봉 박물관에 도착했다.

우리가 투숙한 7천 연쇄주점

전국 7천 연쇄주점

꽈배기 사는 우리일행

적봉박물관은 새로 건축하였다. 거대한 건물이다. 내부의 진열도 잘되이 있다. 우실하 교수의 안내와 설명을 잘 들었다. 너무나 방대한 유물진열이라 몇 점 만 소개하고 책으로 대신한다.

적봉 박물관의 전경

우리 일행 들

적봉 유지의 상징 표지

적봉 박물관 노관(老館)〈1987-2010〉

적봉 박물관 신관〈2010- 〉

적봉 박물관 입구

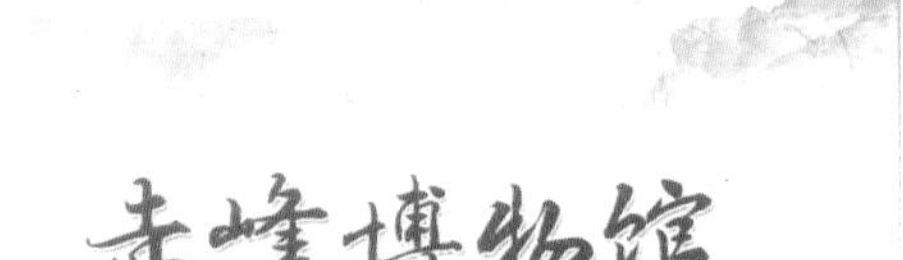

赤峰市文博单位要览

○主编 刘冰 滕亚丽

책은 적봉박물관〈展覽大綱 講解詞匯 編〉 46元과 적봉시 문박 단위 요람 46元으로 샀다.

4-1. 日出 紅山〈赤峰地區의 遺蹟地〉

赤峰市是一片古老而神奇的沃土，巍巍红山是她永恒的根系，浩浩西拉沐沦河、老哈河是她奔腾的血脉，红山文化是她闪耀出的文明之光。赤峰历史悠久，文化灿烂，曾孕育出了灿烂的远古文明：早在距今一万多年前赤峰地区就有人类生存，由此开篇，勤劳智慧的先民们创造出了具有时代特点和独具地方特色的灿烂的远古文化，绵延不绝，繁荣发展。"日出红山后，龙兴潢水源"龙从这里腾空，凤从这里展翅，玉从这里闪耀，赤峰地区的远古文化，对中华文明的起源，对中华文化的形成和发展，具有十分重要的意义，赤峰是中华文明的重要发祥地之一。

赤峰市는 옛날부터 하나의 神奇한 沃土이다. 아주 높고 높은 큰 紅山은 恒久的인 뿌리를 이어온 敬愛하는 山이며, 광활한 流域인 西拉沐倫河와 老哈河는 뜨거운 피가 용솟음치는 血脈으로 이루어진 崇仰하는 벌판이다. 이와 같이 紅山文化는 崇尙하는 燦爛하고 빛나는 文明의 瑞光이다. 赤峰의 歷史는 悠久하며 燦爛한 文化이다. 아주 일찍부터 이루어진 燦爛한 遠古文明이다. 일찍이 只今으로부터 一萬 餘年 前부터 赤峰地區에는 人類가 生存하였다고 볼 수 있다. 先民들의 勤勞智慧를 그 時代의 特性에 맞게 創出하였고, 燦爛한 遠古文化의 地方特色에 맞게 獨創的으로 具備하고있으며, 數 千年을 이어져 내려오면서 끊임없이 繁榮發展시켜 온 것이다. "日出 紅山后, 龍興潢水源=해가 뜨는 紅山이요, 龍이 登天하는 웅덩이 水源" 즉 龍은 登天하고, 鳳凰은 날개를 펼치고, 玉은 燦爛하게 반짝인다. 赤峰地區의 遠古文化는 中華文明의 紀元이며, 中華文化의 形成發展의 十分重要한 意義를 具備하고 있음으로서 中華文明의 重要한 發祥地의 하나이다.

4-2. 上窑 遺趾 解說〈距今 12,000년〉

【段落说明】《上窑遗址简介》

1974 年在赤峰市翁牛特旗上窑村北老虎洞山山顶的石崖下，发现了属于旧石器时代晚期人类居住的洞穴。洞穴半圆形，洞高 3.5 米，进深 6.5 米，采集到三件打制石器和一块火烧过的鹿骨化石，距今约 1.5 万年。上窑遗址是赤峰地区目前发现的唯一一处旧石器时代人类居住的洞穴。

1974年 赤峰市 翁牛特期 上요村 北쪽의 老虎洞山 頂上의 石崖下에서 舊石器時代 晚期의 사람이 居住한 洞窟을 發見했다. 洞窟은 半圓形이며 洞窟의 높이는 3.5m이고 동굴안의 길이는 6.5m이다. 여기서 遺物로는 3点의 打制石器와 한 덩어리의 불에 탄 鹿骨의 化石을 採集했는데 距今 約1萬 5千年으로 推定한다. 이 上요遺址는 赤峰地區에서 最近에 發見한 唯一한 한 곳으로 舊石器時代의 人類居住洞窟이다.

4-3. 小河西 文化解說 〈距今 9,000년〉

【段落说明】 《小河西文化简介》

小河西文化因 1987 年发现于敖汉旗木头营子乡小河西村而得名。这是迄今为止内蒙古以及东北地区年代最早的新石器时代考古学文化。小河西文化遗址较多,房址皆为半地穴式,陶器制作原始厚重,没有任何纹饰,石器多为打制的大石器。小河西文化目前发掘的遗址有:敖汉西梁、千金营子遗址,翁牛特旗大新井遗址。

小河西 文化는 1987년에 敖漢期 木頭 營子鄉 小河西村에서 얻은 이름이다.

이는 只今까지의 內蒙古와 東北地區에서는 年代가 가장 이른 新石器時代의 考古學的文化이다. 小河西 文化遺址는 比較的 많다. 房址는 거의가 半 地下式이고, 陶器製品은 原始形으로 두껍고 무겁다. 紋飾은 어떠한 것도 없고, 石器는 打製로서 大石器가 많다. 小河西 文化의 最近發掘 遺址로는 敖漢西梁, 千金營子遺址, 翁牛特期 大新井 遺址가 있다.

4-4. 興隆窪 文化 解說 〈距今 8,150-7,350년〉

興隆窪 文化는 赤封市 敖漢期寶國吐鄉 興隆窪村에서 얻은 名稱이다. 興隆窪 遺址는 大凌河의 支流인 망牛河岸에 있으며 總面積은 60,000㎡이다. 하나의 聚落構造로 橢圓形에 가깝게 周圍를 둘러싸고 있다. 안에는 170餘個의 長方形 半地下로된 집터가 있고, 30餘個의 居室墓가 있으며, 400個 이상의 貯藏움과 灰坑〈재 무덤〉이 있다. 房址面積은 最大 140㎡에서 적은 것은 10몇㎡까지 있다. 陶器類는 手製로 모래가 석긴 灰色의 典型的인 筒形의

【段落说明】 《兴隆洼文化简介》

兴隆洼文化因发现于赤峰市敖汉旗宝国吐乡兴隆洼村而得名。兴隆洼遗址地处大凌河支流牤牛河右岸,总面积6万平方米。整个聚落由一近椭圆形的围壕环绕,内有170余座长方型半地穴式房址,30余座居室墓,400多个窖穴、灰坑。房址面积最大的为140平方米,小的为十几平方米。陶器以手制夹砂灰陶筒形罐最为典型,生产工具有大型石锄等,兴隆洼遗址还出土了目前中国最早的玉器。在兴隆洼文化其他遗址中还发现有谷物、石雕人像、陶塑龙等。典型遗址有:敖汉兴隆洼、兴隆沟,阜新查海,林西白音长汗。

단지가 가장 많다. 生産工具로는 大形 호미 등이 있고, 興隆窪 遺址에서 出土된 것으로는 最近의 것으로 中國 最初의器가 出土되었다. 興隆窪 文化 其他遺址 中發掘 된 것으로는 穀物, 石彫人像, 陶塑龍 等이있다. 敖漢興隆窪, 興隆溝, 阜新査海, 林西白音長汗 等의 典型的인 遺址가 있다.

4-5. 趙寶溝 文化〈距今 7,350-6,420〉

【段落说明】 《赵宝沟文化简介》

赵宝沟文化因1986年发现于敖汉旗高家窝铺乡赵宝沟村而得名。赵宝沟遗址总面积9万平方米,发掘2000平方米,房址17座。陶器以夹砂灰褐陶筒形罐、尊形器、钵碗为主,纹饰有拟象动物纹、几何纹和"之"字纹,生产工具中最典型的是石耜、石斧、石刀、石磨盘等。赵宝沟文化时期已经出现灵物崇拜,有一定的原始农业。典型的遗址有敖汉赵宝沟、小山、南台地等。

1986년도에 發掘을 하였는데, 敖漢期 高家窩鋪鄕 趙寶溝村에서 얻은 이름이다. 總面積은 90,000㎡이다. 發掘面積은 2,000㎡이다. 이안에 房址가 17座가 있다. 陶器는 모래가 섞인 灰褐 陶筒形 罐〈두레박〉, 尊形器, 鉢碗〈사발〉, 動物의 紋樣이 그려진 紋飾, 幾何 紋과 '之'字 紋 등이 있다. 生産工具로서 가장 典型的인 石사〈돌보습〉, 石斧, 石刀, 石磨 盤 等이 있다. 趙寶溝 文化時期는 出現되는 靈物을 崇拜하였고 一定한 原始農業의 時期였다. 典型的인 遺址로는 敖漢 趙寶購와 小山, 南台地 等이 있다.

4-6. 富河 文化 諧聲 〈距今 約 6,000년〉

【段落说明】《富河文化简介》

富河文化因 1962 年发现于赤峰市巴林左旗浩尔吐乡富河沟门而得名,主要分布在西拉沐沦河以北的乌尔吉沐沦河流域。富河沟门遗址有 150 余座半地穴式房址。陶器有夹砂灰褐陶大口筒形罐、钵等,纹饰有"之"字纹或篦点纹。富河文化有一定的原始农业,渔猎在经济生活中占有重要地位。遗址中出土的卜骨,是目前我国发现最早的。典型遗址有:富河沟门、金龟山、南杨家营子。

富河 文化는 1962년 赤峰市 巴林左旗 浩爾吐鄉 富河溝門에서 얻은 이름이다. 主要 遺蹟 分布는 西拉沐淪河 以北의 烏爾吉沐淪河 流域이다. 富河溝門 遺址에는 150餘座의 半地穴式 房址가 있다. 陶器類는 모래가 석인 灰褐陶로 大口筒形 罐과 鉢等. '之'字 紋飾이 있거나, 참 빗살 紋樣이있다. 富河 文化는 一定한 原始農業時代이며 漁獵도하여 經濟生活의 重要한 比重을 차지했다. 遺址 出土品 中 卜骨은 中國에서 發掘된 것으로는 가장 일찍 이다. 典型 遺址로는 富河溝門, 金龜山, 南楊家營子가 있다.

4-7. 紅山 文化 解說 〈距今 約6,600-5,000년〉

紅山 文化는 赤峰市 紅山后에서 얻은 이름이다. 紅山 文化 分布範圍는 西拉沐淪河, 老哈河와 大小凌河流域이 그 中心區域이다. 紅山 文化는 農耕이 爲主이고 兼하여 漁獵도하고, 陶器가 優美했고, 石器는 精巧하고 緻密했다. 紅山文化는 玉器와 玉龍의 出現으로 組成되었고, 따라서 中華民族의 崇龍思想이 形成되었으며 그래서 玉習俗이 始作되었다. 紅山文化

【段落说明】《红山文化简介》

红山文化因发现于赤峰市红山后而得名。红山文化分布范围广，西拉沐沦河、老哈河和大小凌河流域是其中心区域。红山文化以农耕为主，兼有渔猎，陶器优美，石器精致。红山文化成组玉器及玉龙的出现，成为中华民族崇龙、尚玉习俗的肇始。红山文化坛、庙、冢和神像、玉礼器的发现，表明这一时期已出现了比原始社会氏族组织更高的社会结构，进入古国阶段，说明西辽河流域是最早孕育中华文明的地区之一，对中华文明的起源及形成，有着十分重要的意义和深远的影响。

는 壇, 廟, 塚과 神像 그리고 玉禮器의 出現되었다. 表明 上으로는 一時的이 出現現狀 같다마는 原始社會부터 氏族의 組織을 다시 높여 結束하는 社會로 進入하여 古國段階를 이루었으며. 西遼河流域이 最早로 孕胎하여 成育한 中國文明地區의 하나라고 說明할 수 있다. 中華文明의 起源 및 形成에 對해서는 十分 重要한 意義와 深遠한 影向이 있다고 볼 수 있다.

4-8. 小河沿 文化 解說 〈距今 5,000年〉

【段落说明】《小河沿文化简介》

小河沿文化因发现于敖汉旗小河沿乡而得名。小河沿文化陶器有泥质陶和夹砂陶。彩陶有红、黑、赭及白彩，还有彩绘陶。陶罐上发现的刻划符号，是中国最早的文字雏形。小河沿文化以农耕为主，兼有渔猎，处于原始社会末期，继承和发展了红山文化，并对以后的文化产生了重要的影响，和中原文化、东部沿海地区的文化有着密切的联系，在文化发展过程中起着承上起下的作用。典型遗址有：小河沿，大南沟，哈拉海沟。

小河沿 文化는 敖漢期 小河沿 鄕에서 얻은 이름이다. 小河沿 文化의 陶器는 泥質陶와 모래석 인陶로 分類된다. 彩陶는 紅, 黑, 紫 및 白色이 있고 여기에 彩繪陶도 陶器에 그려지는 符號의 刻劃은 中國의 最早期의 文字形態다. 小河沿 文化는 農耕이 爲主이고 兼하여 漁獵도하고, 原始社會의 末期로 볼 수 있다. 紅山 文化의 繼承과 發展이 끝나면서 이后에 文化生産에 重要한 影響을 끼치게 된다. 中原文化와 東部沿海地區文化의 密着關係가 끊어지면서 文化發展過程 中 일어나는 作用이있다. 典型的인 遺址로는 小河沿 大南溝, 哈拉海溝가 있다.

4-9. 結 語

结 语

赤峰地区新石器时代考古学诸文化,聚落发达,原始农业出现的早,龙凤崇拜、原始宗教和祖先崇拜出现的早,最早形成了玉文化。红山文化晚期已经出现了凌驾于氏族组织之上的高级社会组织形式,进入古国时期。赤峰地区发现的新石器时代考古学诸文化,对于探索中国文明的起源,国家的出现,具有非常重要的意义。

赤峰 地區 新石器時代 考古學의 諸 文化는 聚落發達, 早期의 原始農業 出現, 龍鳳崇拜, 早期의 原始宗敎와 先祖崇拜의 出現, 가장 일찍이 形成된 玉文化이다. 紅山 文化晩期가 일찍이 出現했고 氏族組織의 高級 社會組織이 形成되면서 古國時代로 進入 한 것이다. 赤峰地區의 發現이 新石器時代 考古學 諸 文化와 中國文明의 起源 探索에 관한 것과 國家의 出現 等의 대단히 重要한 意義를 가지고 있다.

4-10. 古운青銅의 前言

人類社會發展史 上에 있어 鑄造와 使用 靑銅器의 時期稱號에있어 靑銅器時代라고 한다. 中國의 靑銅器時代의 形成은 只今부터 4,000餘年 前이며, 中原地區의 夏代가 가장 代表的

인 時代이다. 赤峰地區의 青桐文化는 하나의 夏家店下層 文化 爲主의 早期 青銅文化이며, 하나의 夏家店上層 文化의 代表的인 時期의 青桐文化이다. 이는 두 種類의 特色을 가진 青銅文化로서, 1960年 中 科院考古研究所의 所在地가 松山區 王家店鄕 夏家店村으로, 發掘이 두 가지 이름으로 命名된 것이며, 이 두 가지에 대한研究는 中國의 早期國家의 出現과 北方民族〈註:東夷族〉이 주는 中原文化와의 關係가 있는 것으로. 이는 重要한 意義를 가지고 있다. 이 地域에 關하여는 後續으로 出現한 國家인 燕, 秦, 漢 等의 歷史文化 生産에 重要한 影響을 미치고 있는 것이다.〈中國人의 歷史 定立의 苦悶이 여실히 나타나고 있다.〉

4-11. 夏家店下層 文化의 解說

【单元说明】《夏家店下层文化简介》

夏家店下层文化距今约4200—3600年,处于青铜时代早期。这时的青铜铸造工艺已初具规模,彩绘陶器纹饰是商周青铜纹饰的滥觞。夏家店下层文化农业发达,出现了众多等级分明的城址和连锁式的城堡带,礼仪制度已经确立,这时期已经进入早期国家阶段。夏家店下层文化是独霸一方的北方重要方国,它同中原夏王朝并行发展、相互交流。

夏家店下層 文化는 지금으로부터 4200年에서 3600年 前인. 青銅器 時代의初期다. 이때가 青銅鑄造工藝의 初期의 規模를 갖추었다. 彩繪陶器文飾이 商 周 青銅文飾의 술잔이 氾

濫할 때다. 夏家店下層 文化로 農業이 發達하고, 여러 等級이 분명한 城이 出現하고 서로 連鎖式으로 작은 城의 堡壘가 形成되고, 禮儀制度가 確立되면서 初期의 國家段階로 進入된 時期이다. 夏家店下層 文化는 北方의 重要한 國家들을 一方的으로 制覇하였다. 또 다른 中原의 夏王朝도 竝行하여 發展하였으며 相互 交流하였다. 《《여기서 夏家店下層 文化圈은 檀君朝이며 이때에 夏나라가 있었다는 反證이다.》》

4-12. 夏家店上層 文化의 解說

【单元说明】《夏家店上层文化简介》

夏家店上层文化是历史上所记载的山戎的遗存，其年代相当于中原西周至春秋时期，处于青铜时代的鼎盛时期。夏家店上层文化的先民在列国争霸中，凭籍骏马利剑，攻燕伐齐，称雄北方数百年，创造了具有鲜明的时代风格和浓郁的地方特色的青铜文明。夏家店上层文化青铜器融中原和北方青铜文化风格为一体，以礼器、兵器、车马具和动物纹饰最具代表性。赤峰宁城南山根和小黑石沟遗址一带，是夏家店上层文化的政治、军事中心。

夏家店上層 文化는 歷史上山戎〈古代의種族〉의 살아남은 種族으로 記載되어 있고, 그 年代는 中原의 西周나 春秋戰國時代에 相當하는 것으로 보고 있으며, 靑銅器時代의 鼎盛〈한참旺盛할 때〉時期로 보고 있다. 夏家店上層 文化의 先民은 列國爭覇 中에 있으며, 駿馬와 利劍〈날카로운 긴 칼〉을 빌리고, 燕나라와 齊나라를 攻擊 征伐하고, 北方 數百 年하고, 鮮明한 時代의 楓格과 强한 地方特色을 지닌 靑桐文明을 具備하고 創造하였다. 夏家店上層 文化의 靑銅器는 中原과 北方靑銅文化의 品格을 하나로 融和시켰으며 禮器, 兵器, 車馬裝具와 動物文飾을 가장 代表的으로 具備하였다. 赤峰寧城 南山根과 小黑石溝 遺址 一帶는 이夏家 店上層 文化의 政治軍事의 中心이다

4-13. 戰國, 秦, 漢遺趾

战国时期,赤峰是东胡民族活动之地,燕昭王时北击东胡后,设五郡修长城以拒胡,其中右北平郡址就在赤峰宁城甸子乡。秦统一后右北平郡成为三十六郡之一,汉延用。秦朝曾在赤峰修建长城。这一时期赤峰先后出现了东胡、乌桓、鲜卑等北方民族。赤峰有保存较好的战国、秦汉长城遗址及北方民族文化遗存。这些文物遗存为研究战国、秦汉时期的政治、经济、文化,研究北方民族的发展史,提供了珍贵的资料。

戰國時期의 赤峰地域은 東胡民族이 活動하던 時期이고, 燕의 昭王때 北쪽의 東胡를 擊退한 后에, 五郡을 設置하고 長城을 修築하여 東胡를 法治國家가 되었다, 그中 右 北平郡址가 赤峰의 寧城 甸子鄕이다. 秦 統一后 右 北平郡이 三十 六郡의 一이 되었고 漢나라에서도 그대로 쓰였다. 秦나라에서는 일찍부터 赤峰長城으로 하고 있었다. 一時的으로 赤峰初期에는 東胡, 烏桓, 鮮卑 等의 北方民族이 出現하였다. 赤峰은 戰國이나 秦 漢 長成의 遺址 및 北方民族의 文化의 遺存이 比較的 좋게 保存되어 있다. 이는 些少하지만 戰國時期와 秦 漢 時期의 政治, 經濟, 文化研究가 北方民族의 發展史研究에 珍貴한 資料의 提供이라고 볼 수 있다.

《戰國과 秦 漢을 北方民族과 連繫시킨 臆測의 解說이다.》

4-14. 結 語

结 语

夏家店文化以精美的彩绘陶器和繁缛的纹饰、青铜礼器、兵器、车马具及独具特色的青铜器上的动物纹饰而著称于世,在北方草原青铜文化史上占有重要的地位。赤峰地区进入早期国家阶段比较早,到后来形成了独具特色的青铜文明,对于探索中国国家的出现,以及对此后秦、汉等王朝的建立具有重要意义。

夏家店 文化의 精美한 彩繪 陶器와 지나친 文飾은 青銅 禮器, 兵器, 車輛用具 및 獨具的인 特色의 青銅器上의 動物文飾은 이 世上에서 著名하고 北方草原의 青銅文化史上 重要한 地位를 占有하고 있다. 赤峰地區는 初期國家形成이 比較的 이르며, 뒤이어 獨具的이고 特色이 있는 青銅器文明, 中國 國家의 出現의 探索, 이어 秦과 漢 王朝 等의 建立에 重要한 意義를 미치게 되었다.

4-15. 古 動物化石

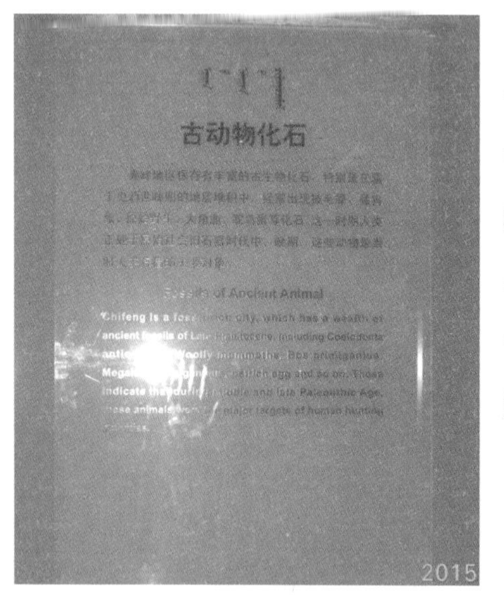

赤峰地區에는 豊富한 古生物 化石이있다. 特히 이것은 更新世期 晩期의 地層 堆積中에 묻혀 있다. 經常的으로 出現한 것은 털이 있는 코뿔소, 猛馬, 象, 原始野牛, 大角鹿駝 鳥蛋(새알 단)〈타조 알〉등의 化石이다. 이時期는 人類가 原始社會인 舊石器時代의 中 晩期로서, 이 當時로서는 人類의 狩獵對象이 될 수밖에 없었다

적봉지구의 유적지 분포도

적봉 지구 암화(岩畵)

12시 18분에 출발하여 12시 50분에 우실하 교수 사무실에 도착했다. 간소한 사무실이다. 모두 차 한 잔하며 담소를 마치고 13시 5분에 출발하여 13시 35분에 홍산 밑의 마을에 도착했다. 주변의 난장시장을 구경하고 쌍원가상채 식당에서 점심식사를 하고 14시 40분에 출발했다. 15시 5분에 홍산후 마을 서수지西水地에 도착했다.

우실하 교수가 체재(滯在)하고 있는 적봉 학원과 표지석 .

적봉 학원 전경

석양에 비친 홍산의 위용

점심식사를 한 식당

식사하는 우리 일행

홍산후에 가는 길

홍산후마을 '西水地' 표지

홍산 유지군 유적표석

유적지군 안내도를 보고 있는 일행

유적지군

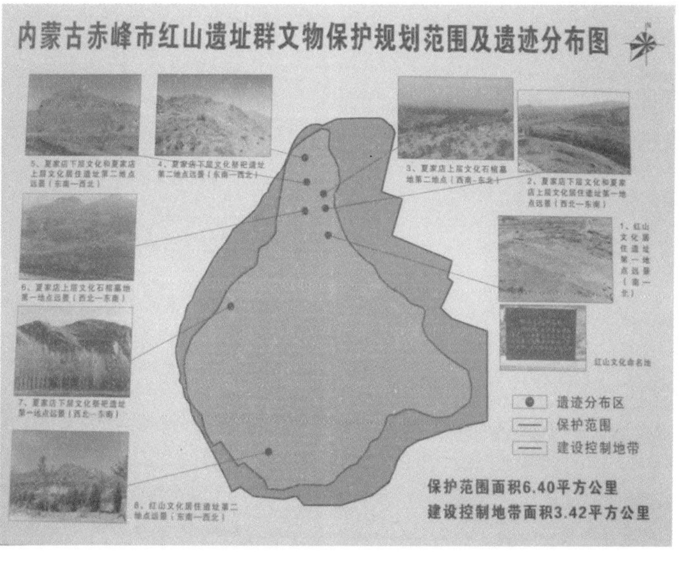

홍산 유지군 범위와 분포도

홍산 뒤에서 바라본 北쪽

홍산 비탈의 과일농장

홍산 문화 명명지(命名地) 홍산 유지군

일행과 같이

뒤에서 본 홍산 정상의 우리일행

적봉 고완성(古玩城)

호수와 어울리는 홍산의 자태(姿態)

나는 홍산의 정상에는 안 올라갔다. 산비탈의 토질은 부드러운 세사이며 과수원에는 자두와 능금이 많이 달려있고 감시원이 있다. 16시 35분에 西水地를 출발했다. 17시 5분에 시장에 도착하여 삼도동가三道東街의 골동품 상가를 구경했다. 사고 싶은 것이 없다. 17시 30분에 출발하여 17시 38분에 홍산 공원에 도착했다. 이곳에서 만이 홍산의 진면목眞面目의 사진을 찍을 수 있다고 한다.

홍산을 배경으로 촬영하는 우리 일행들

18시 20분에 출발해서 18시 50분에 호텔에 도착하여 407호실에 투숙했다. 저녁식사는 정찬訂餐집에서 양고기 샤브샤브로 19시 20분부터 21시 35분까지 먹었다.

5. 2015. 8. 1. 土

06시에 기상하고 07시 10분에 아침식사를 마쳤다. 08시 3분에 출발하여 08시 25분에 적봉북 TG를 통과 G-45로 진입하여 달리고 있다. 848km지점이다. 광야曠野다. 564km 지점에서 대판으로 가는 G16으로 진입했다. 농지는 정리되어 있지 않으며 작물도 좋지 않다. 노면은 좋다. 09시 20분에 오단烏丹 TG를 통과했다. 10시 5분에 옥용사호玉龍沙湖에 도착했다.

옥용사호 간판

홍산 옥용사호 국제생태 문화 여유 유람도

옥용사호(玉龍沙湖) 구능(丘陵) 등

10시 30분에 출발하여 11시에 중화 제1용中華 第一龍에서 사진을 찍었다. 11시 10분에 오단 TG를 통과하고 38분에 두분지頭分地 휴게소의 뷔페에서 점심식사를 마치고 12시 30분에 출발했다.

두분지 휴게소 뷔페에서 점심식사

中華第一龍碑

中華第一龍—玉龍，

一九七一年春出土于紅山文化遺址—本蘇木賽沁他拉嘎查小北山。龍體用墨綠色玉石雕琢而成。長二十六厘米，呈C形，伸吻剛勁，長鬣高揚，顯騰雲駕霧之雄姿。經中國社會科學院考古所考證，認定其屬于新石器時代紅山文化遺物，對于研究龍的起源和遼河流域原始文明具有重要價值，將中國五千年文明史向前推進一千年。

該玉龍曾參加故宮博物院舉辦的國慶三十五年周年“全國出土文物展覽”和出國展覽，蜚聲海內外。被考古界譽爲中華第一龍，現藏于國家博物館。

朝格溫都蘇木人民政府

一九九九年八月二十日

中華 第一 龍 碑

中華 第一龍〈玉龍〉

1971년 봄에 홍산 문화유지에서 출토되었다. 용체龍體는 흑녹색黑綠色의 옥석이며 용 모양으로 다듬었다. 기리는 26Cm이고, 'C' 형이다. 내민 입술은 굳세게 생겼으며, 지느러미는 길고 높이 뻗어있고, 운무雲霧위로 웅자雄姿를 높이 들어내고 있다. 중국 사회과학원 고고소考古所의 고증에 의하면 신석기시대의 홍산 문화의 유물로 귀속됨을 인정하고, 용의 연구에 관한 기원起源과 요하유역의 원시문명을 구비하고 있는 중요한 가치로 볼 수 있다. 장차 중국의 오천년 문명역사가 앞으로의 추진의 一萬年을 내다보고 있다. 이 옥용은 고궁 박물원이 거행하는 국경 35주년 행사에 참가하게 되며, '전국 출토문물 전람회' 와 해 내외에 이름이 떨칠 것이다. 고고계考古界의 명예를 위하여 중국 제일용은 지금 국가 박물관에 소장하고 있는 것이다. G-16도로는 신설국도로 승차감이 좋으며. 서랍목윤西拉沐淪 TG를 12시 46분에 나와서 대판大板 수비참을 거치고 소호도沼胡圖 수비참을 13시 50분에 통과했다. 산에는 풍차 발전기가 10기가 있다.

14시 13분에 G-16도로의 51km 지점에서 좌측으로 나와서 57km에서 우 회전 한 지점이 885km 지점이다. 15시에 요 태조능침 정문에 도착했다.

契丹族是中国古代北方一个古老的游牧民族，由鲜卑的一支宇文部演变而来。契丹族早期在潢水(今西拉沐沦河)一带游牧，唐朝以其地置松漠都督府。唐末，契丹族发展壮大起来，907 年迭剌部首领耶律阿保机统一契丹及邻近各部，公元 916 年耶律阿保机正式称帝，建立了大契丹国。辽太宗时改国号为大辽。辽朝先后与五代、北宋和西夏并存，极盛时，其疆域东临日本海，西到阿尔泰山，北到外兴安岭，南到河北中部山西北部，所辖五京六府，州、军、城 156，县 209，部族 52，属国 60。辽朝共历九世，公元 1125 年，辽被女真灭亡，历时 209 年。在女真大举入辽的公元 1124 年，皇族耶律大石率领十万余众西迁至今天的中亚一带，建立西辽政权，史称黑契丹，西辽于公元 1218 年被蒙古帝国灭亡，存在了 90 余年。

계란왕조(契丹王朝)

契丹族은 中國古代 北方에 있던 하나의 오래된 遊牧民族이다. 文部淵變以來 鮮卑의 하나의 支派이다. 契丹族은 初期에는 지금의 西拉 沐侖河 一帶의 遊牧民이었는데, 唐나라때에는 그곳에 松漠 都護府를 두었다. 唐末에 契丹族이 壯大하게 發展하여, 907年에 送刺部 首領인 耶津 阿保機가 契丹과 隣近의部落을 統合히고 西紀 96年에 耶津 阿保機가 정식으로 稱帝가 되어 大 契丹國을 建立하였다. 遼 太宗時 大遼로 國號를 改稱하였다. 遼朝 先后 五朝에는 北宋과 西夏와 竝存하였고, 極盛時에는 그 疆域이 東은 東海〈日本海〉에, 西는 阿而泰山에, 북은 外興安領에, 南은 河北 中部 山西北部에 이르렀으며, 五京六府를 두었고, 州, 郡, 城 156, 縣 209, 部族 52, 屬國이 60에 達했다.

遼朝는 9世때인 西紀1125년에 女眞族에게 亡함으로 209年의 歷史이다. 女眞族이 서기 1124년에 大擧 遼로 侵入하여 옴으로 遼 皇族인 耶津 大石이 十萬餘 大衆을 이끌고 西쪽인 中央亞細亞의 今天一帶로 移住하여 西遼政權을 建立하였다. 歷史上으로는 黑 契丹이라고 하였으며, 1218년에 蒙古帝國에게 亡했다. 90餘年 存續했다.

대흥안령大興安領의 산이 태조산맥이며 자좌 오향으로 용 능선이 좋다. 물론 좌청룡 우백

다리를 건너면 요태조 능침정문

태조능침에 올라가는 계단은 71

요능 표지석.

호도 갖추었으며 웅장한 산이 둘러쌓고 앞은 넓은 평야다.

요 태조의 능침은 묘도 아니고 시체 유치실 같은데 시신屍身을 어떻게 유지했는지 궁금하다. 석물의 구조로 보아 권력자가 아니면 할 수 없는 구조물이다.

15시 35분에 출발하여 16시 10분에 요 상경上京박물관에 도착하여 50분간 관람하고 17

태조능의 석조물 들

태조 능 앞의 조형물과 전방을 바라본다.

시에 출발하여 17시 10분에 요 상경지에 도착했다. 요 상경박물관은 다음 기회에 좀 더 진지하게 검토하기로 하고 이번에는 생략한다.

17시 50분에 출발하여 18시에 경도호텔에 도착하여, 동 호텔 2층 뷔페에서 19시부터 20시 20분까지 저녁식사를 했다. 음식이 맛이 있다. 20시 40분에 취침했다.

6. 2015. 8. 2. 日

遼 上京博物館 外觀

遼國 歷史 疆域 圖

06시에 기상하니 제비가 날아왔다. 08시부터 08시 30분에 아침식사를 뷔페로 아주 포식했다. 08시 25분에 마쳤다. 08시 55분에 출발하여 구릉산상의 '遼 上京遺址' 碑에 09시 27분에 도착했다. 비의 사진만 찍고 주변을 둘러보고 09시 40분에 출발했다, G-306 노선이다.

끝이 없는 초원이다. 10시 52분에 신개하新開河 TG 통과 아직 미개긴 초원이다. 12시 7분

'요 상경유지' 비와 주변

'요 상경유지'비

광야에 방목한 말들

에 개로 수비참을 통과하고 13시 58분에 과이심科爾沁 복무구服務區에 도착하여 뷔페로 점심식사를 마치고 14시 40분에 출발했다. 산에는 풍력발전기가 많다. G-25 6km에서 신민북新民北 TG를 16시 35분에 나와서 17시 55분에 홍기태紅旗台 TG를 통과했다. 18시 50분에 호텔에 도착하여 529호실에 김정석씨와 같이 투숙했다.

7. 2015. 8. 3. 月

06시 10분에 기상했다. 07시 30분부터 08시까지 뷔페로 아침식사 마치고. 09시에 호텔을 출발했다. 10시 10분에 동능東陵에 도착했다.

肇祖原 皇帝 孟特穆

孟特穆은 孟哥帖木兒 라고도 한다. 努爾哈赤〈노루하지〉의 六世祖이다. 孟特穆은 明朝洪武 初年에 出生했으며, 幼年期는 父親이 살던 圖們江 下流의 阿木河에서 지냈다. 明朝 永樂

肇祖原皇帝孟特穆

Meng Temu, First-Generation Emperor

■ 孟特穆，也称猛哥帖木儿，努尔哈赤的六世祖。孟特穆出生于明朝洪武初年，幼年随父定居在图们江下游的阿木河。明朝永乐年间，受明朝招安，任建州卫指挥使。后逐渐成为建州女真族部落的首领，为努尔哈赤的崛起和创建王业奠定了基础。由于孟特穆孝忠明朝廷，引起叛军首领的嫉恨，1433年，被七姓野人女真部落所杀，终年60岁。

年間에는 明朝에서는 招安을 받았으며, 建州 衛指揮使로 任命되었다. 后에는 建州 女眞族部落의 首領이 되었고, 이어 努爾哈赤가 되면서 王業創建의 基礎를 다졌다. 孟特穆는 朝廷에 忠孝를 밝힘으로서, 叛軍首領의 嫉妬로 1433년에 女眞部落의 野人에게서 被殺되니 終年이 60歲이다.

努爾哈赤의 曾祖父는 興祖直皇帝 福萬이고, 祖父는 景祖翼 皇帝 覺昌安이고 生父는 顯祖宣皇帝 塔克世이다.

능주(陵主) 소주(小傳)〈능주인 노루하치의 간단한 해설〉

노루하치 초상

복능의 조감도

노루하치

노루하치〈努爾哈赤=1559-1626〉는 女眞部建州의 一介 貴族家門에서 태어났다. 父名은 塔克世이고 明朝 建州 左衛指揮使이다. 노루하치 10世時에 모친이 病故로 돌아가시고 繼母의 虐待로 別居를했다. 親同生과 같이 山間에서 나는 生産品의 雜貨店으로 生活을營爲했다.

后에 李成梁將軍의 麾下에 投身했다. 노루하치는 作戰에 勇猛하고 頑强했으며, 모든 戰鬪에 先鋒을 섰고 여러 次例 戰功을 세웠으며 李成梁의 信任을 받았다. 노루하치가 青少年 時期에는 明나라는 腐敗와 衰落의 段階에 이르고 있었다. 明朝가 女眞族이나 其他 小數民族에 對하여 消

極的인 統治로 分轄統治 또는 以夷治夷하는 等의 政策을 펴므로 서 명나라는 統治 矛盾에 이르게 되고, 아울러 또 女眞各 部族이 四分五裂하면서 蜂起하며 各其皆稱 王長이라고 함으로써, 經濟는 落後되고 社會는 不安한 狀況이 되었다. 萬曆11년〈1583년〉에 女眞族의 한 首領 尼堪外蘭이 嚮導하여 建州 古勒城에서 明軍을 攻打했다. 이때에 노루하치의 祖父와 父親이 戰火에 의하여 死亡했다. 그래서 노루하치는 父親의 怨讐인 尼堪外蘭을 報殺했다. 따라서 不斷히 勞力하여 勢力을 擴張하며 女眞各部를 統一하고 多年間의 鬪爭과 骨肉相殘을 結束하고 萬曆19년에 赫圖阿拉을 "稱王"으로 했다. 萬曆43년에 노루하치는 牛彔 組織에 基礎하여 八旗制度를 創建하고, 이 旗로서 사람을 다스리고 軍兵을 統率했다. 萬曆44년〈1616〉 赫途阿拉을 "汗"으로 稱하고, 大金國을 세워서 年號를 "天命"으로 했으며, 따라서 노루하치는 明朝의 地方割據의 統治者가 되었다.

天命3년〈1618년〉 后金軍隊는 적은 수로 많은 수를 이기면서 "薩爾滸大戰"에 勝利했다. 天命11년 軍隊를 이끌고 寧遠을 攻擊할 때 負傷으로 失敗하면서 同年 7월에 노루하치는 病을 얻어 8월11일 崩御했다. 享年은 68歲다. 8월12일에 沈陽城 北西角에 葬禮를 치루고 天聰 3년에 正式으로 安葬한 곳이 福陵이다.

11시 15분에 출발하여 11시 19분에 동능 TG를 통과하고 11시 37분에 삼태자三台子 TG를 나와서 12시 2분에 소릉昭陵 도착했다.

清太宗 皇太極

愛新覺羅 皇太極〈1592-1643〉 新羅를 사랑하며 新羅를 잊지 않는다는 姓을 가진 清太宗은 노루하치의 여덟째아들이다. 歷史上 第一 赫赫한 이름을 날린 "馬上皇帝"이다. 皇太極은 언제나 긴 칼을 차고 있었으며, 어릴 때부터 才華가 出衆하였고 말타기와 射術을 좋아했다. 父親의 統一女眞部落, 政權의 創建때의 戰鬪中에도 뒤 따라다녔으며 知慧롭고 꾀가 많았다. 英勇한 善戰으로 여러번의 戰功을 세웠으며, 어린나이에 和

清太宗皇太极
Qing Taizong Huangtaiji

■ 爱新觉罗·皇太极(1592-1643)，努尔哈赤的第八个儿子，历史上一位赫赫有名的"马上皇帝"。皇太极是伴随着刀光剑影逐渐长大的，自幼才华出众，善于骑射。在跟随父亲统一女真部落及创建政权的战斗中，足智多谋，英勇善战，屡立战功。早年被封为和硕贝勒。1626年继承汗位，年号天聪。1636年在沈阳故宫崇政殿称帝，改国号为大清，年号崇德。

碩〈敬稱〉 貝勒〈爵位의 이름〉을 받는 등 優待를 받았다. 1626연에 "汗"位를 이어 받았고 年號를 天聰이라고 했다. 1636년에 沈陽故宮의 崇政殿의 稱帝로서 大淸으로 國號를 改稱하고 年號는 崇德으로 했다.

청 태종 초상

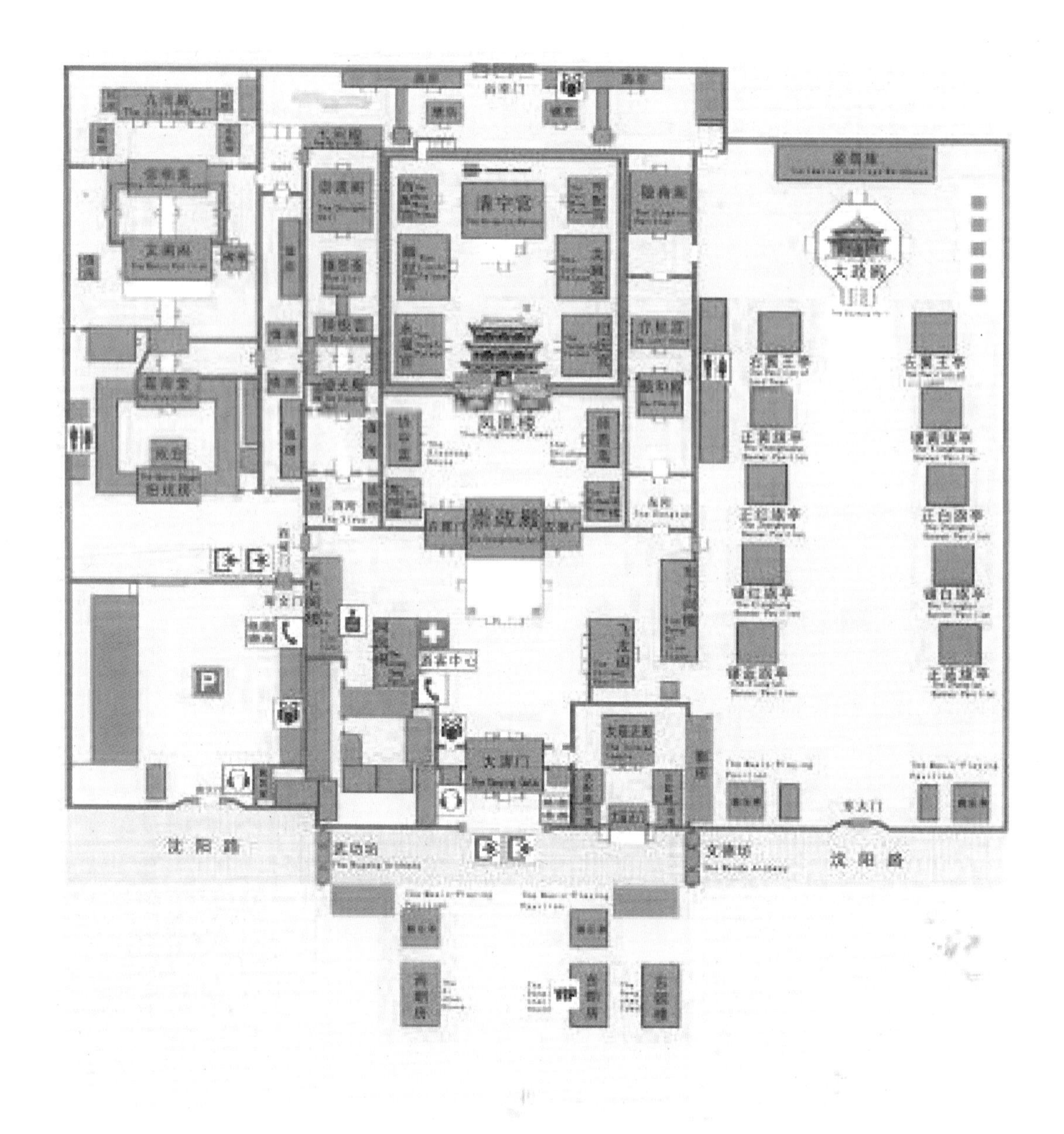

심양고궁(沈陽故宮) 도유(導游) 全景圖

능원내를 대충 돌아보았으나 워낙 광범위하여 입구까지 원내의 운행차를 5元을 주고 탔다. 13시 10분 출발하여 13시 20분에 백탑白塔 냉면집에 도착하였다. 14시 20분에 식사를 완료하고 14시 40분에 출발하여 청 심양고궁에 15시 30분에 도착했다. 18시에 모이기로 하고 각자 흩어졌다. 나는 몇 번째 오므로 일단 박물관과 경내를 한 바퀴 둘러보았다.

대정전(大政殿)〈俗稱 八角殿〉

结束语

中国古代文物是华夏五千年文明的结晶，是认识我国悠久传统文化的媒介。沈阳故宫博物院是名闻遐迩的清代历史、艺术性质的博物馆，收藏着数以万计的文物珍品，除使用价值外，还具有丰富的文化内涵和艺术价值，代表了清代工艺的最高水平，反映了清代宫廷生活的各个层面，再现了昔日清代帝王的文治武功及宫廷生活之奢华，为我们认识和研究清代典章制度、宫廷生活、宗教文化和工艺美术提供了实物佐证。我们在欣赏这些精美文物的同时，亦可以了解清代宫廷生活的各个方面，感受中华文化的博大精深。

Conclusion

Chinese ancient cultural relics are the crystallization of five thousand years' Chinese civilization, and became a cultural medium of Chinese tradition. Shenyang Imperial Palace is enjoy widespread renown for its history and cultural relics of Qing dynasty. In addition to using value, but also has the rich cultural connotation and artistic value. These treasures represented the highest technical level and reflected the lifestyle of Qing dynasty, revealed imperial political, military achievements and the luxury life in the palace, and provided physical evidence for us to understand and research the ancient laws and regulations, lifestyle, religious culture and technology. We can understand all aspects of Imperial lifestyle, and felt the extensive and profound Chinese culture.

맺음 말

중中國 古代文物은 華夏 五千年 文明의 結晶體이다. 我國의 悠久한 傳統文化의 謀介로 認定 되었다.

沈陽故宮 博物館은 清代歷史로 멀리 이름이 알려지고 있으며, 藝術性質의 博物館으로서 萬点을 헤아리는 珍品을 收藏하고 있으며 單純한 使用價値를 除外 하드라도 文化的이나 藝術性 價値를 豊富하게 갖추고 있다. 清代의 工藝術의 宮中 生活의 最高水準을 代表하며, 清代 宮廷生活의 各 階層을 反映하고 있으며. 옛날 清代 帝王의 文治 武功과 宮廷 生活의 奢侈를 再現하고 있다. 우리는 清代의 典章制度와 宮廷生活과 宗教文化와 工藝美術의 提供 等의 實物 實證으로 認識하게 되었다. 우리는 精巧하고 아름다운 文物을 同時에 鑑賞하게 되었고 따라서 清代의 宮廷 生活의 各 方面을 理解하게 되었으며 中華文化의 博大하고 精深함을 感受하게 되었다.

18시 10분에 출발하여 18시 50분에 한국식 시장에 도착하여 한 바퀴 구경을 하고 저녁 식사를 마치고 20시 18분에 호텔에 도착했다.

8. 2015. 8. 4. 火

Morning Call로 06시에 일어났다. 06시 47분에 출발하는 버스를 타고 도선기장桃仙機場을 향하여 출발했다. 07시 15분에 기장에 도착했다. 07시 15분에 기사들과 작별인사를 한 후 08시 45분에 통관하고 09시 30분에 탑승했다. CZ-681편 B-2288 비행기 40호석에 앉았다. 10시 8분에 이륙했다. 10시 40분에 간식이 나오고, 11시 26분에 인천공항에 착륙했다. 11시 55분에 입국수속을 마쳤다. 12시 10분에 공항철도 전철에 승차했다. 13시 35분에 집에 도착했다.

제 31 차

대흑산大黑山 의무여산醫巫閭山 우하량牛河梁 적봉赤峰 대련大連지역 유적지 답사

2016년 8월 1일부터 7일까지

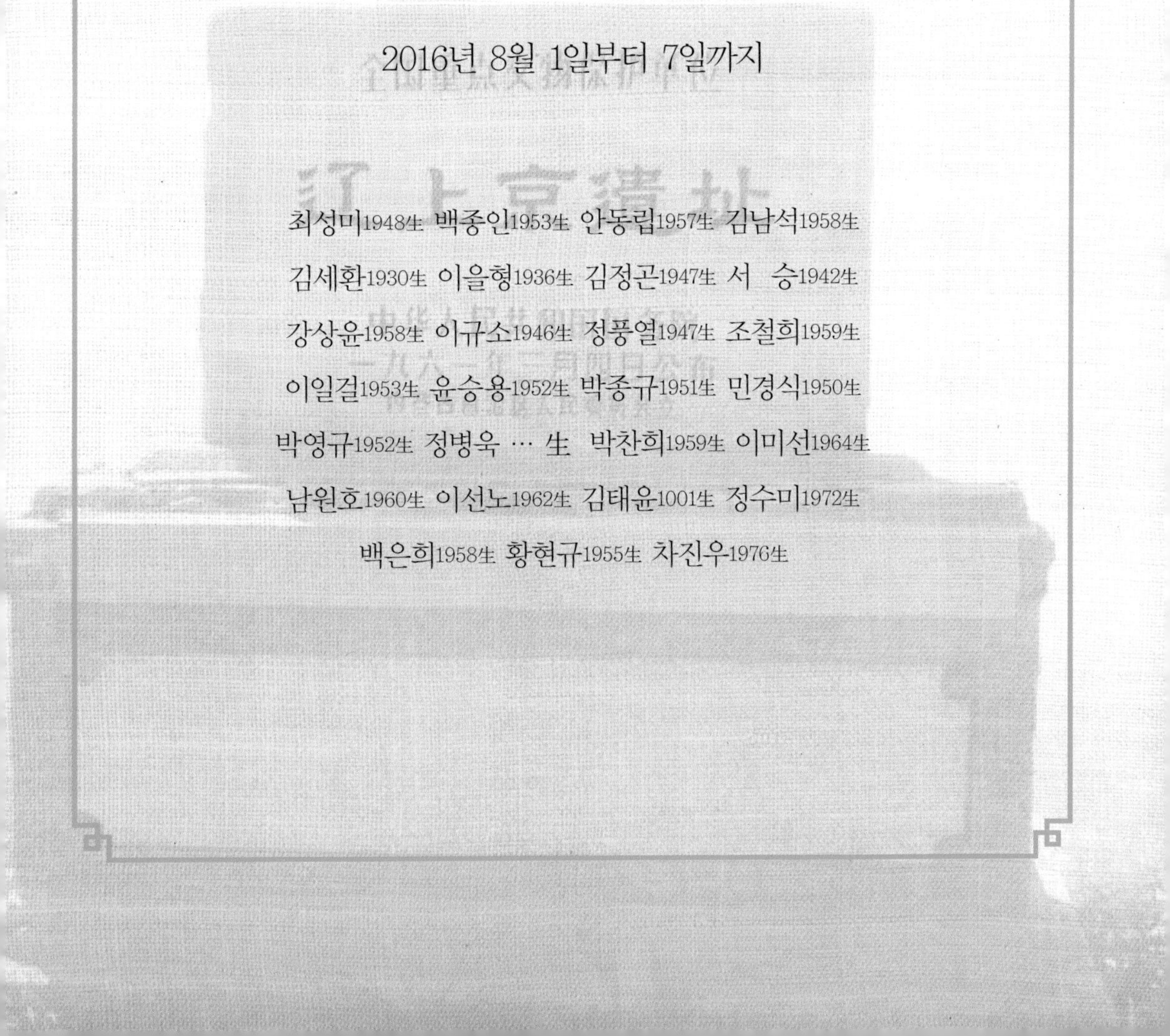

최성미1948生 백종인1953生 안동립1957生 김남석1958生

김세환1930生 이을형1936生 김정곤1947生 서 승1942生

강상윤1958生 이규소1946生 정풍열1947生 조철희1959生

이일걸1953生 윤승용1952生 박종규1951生 민경식1950生

박영규1952生 정병욱 … 生 박찬희1959生 이미선1964生

남원호1960生 이선노1962生 김태윤1001生 정수미1972生

백은희1958生 황현규1955生 차진우1976生

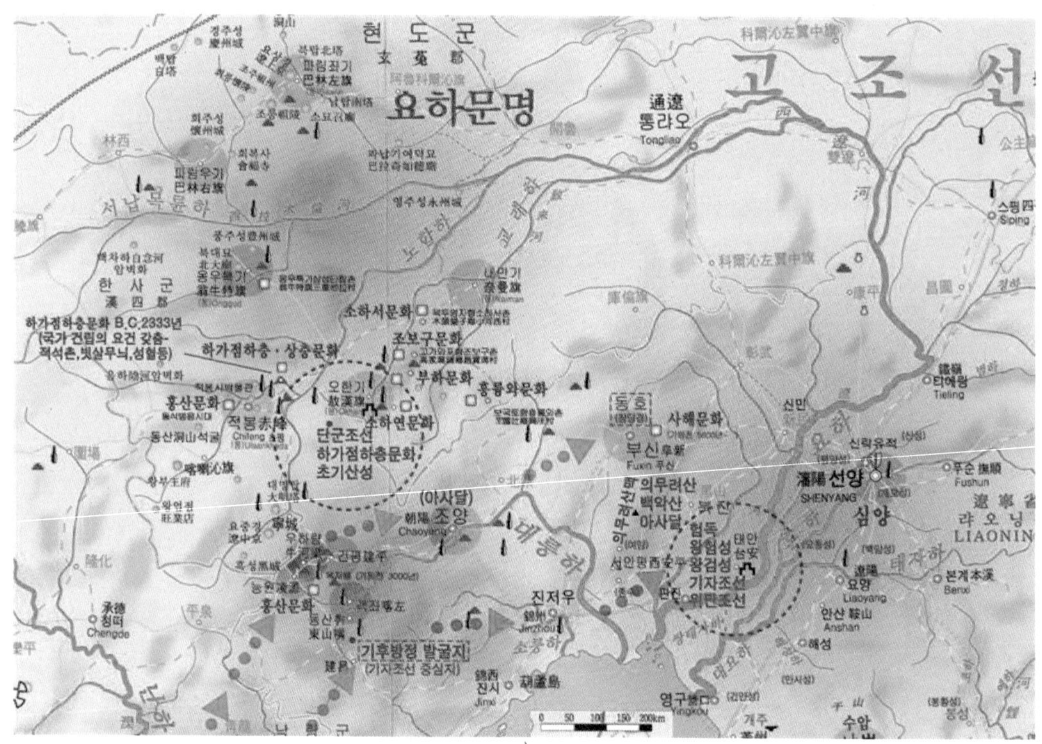

2016년 31차 고조선 답사 예정도

기행

1. 2016. 8. 1. 月

2호선 홍대입구역에서 공항철도열차로 07시 50분에 출발하여 공항역에 08시 50분에 도착했다. 일행과 합류하여 대기, 10시 10분에 통관하여 104게이트에서 대기하고, 11시 16분에 예정보다 30분 늦게 B-2417 비행기에 탑승하여 39K석에 앉았다. 11시 30분에 활주로에 이동하여 11시 15분에 이륙했다. 12시 5분에 빵과 소제지1개씩의 간식이 나왔다. 12시 46분 〈현지시간 11시 46분〉에 착륙했다. 13시에 내려서 13시 5분이 통관했다. 대기하고 있는 (B-K6370 대형버스에 승차하여 13시 30분에 출발했다. 우리를 안내하는 가이드는 38세의 차진우(車鎭宇)씨다. 2층 버스로 안정감이 있다. 나는 맨 앞자리에 앉았다. 14시 28분에 대흑산 밑의 광장에 도착했다. 전번에 왔을 때는 소형차에 분승하여 비사성卑沙城까지 올라갔었는데 지금은 차가 없다. 날씨도 덥고 정상까지 걸어서 올라간다는 것이 자신이 안 붙는다.

대련 비행장광장에서 우리일행

대흑산 경구의 해설도

大黑山风景区简介
Brief Introduction to Dahei Mountain Scenic Area

大黑山，又称大赫山，大和尚山，位于金州城区东部5公里处，距大连市中心25公里，核心景区占地23.79平方公里。大黑山是雄峙于金州城东的一座呈“山”字型的山脉，主峰海拔663.1米，北寄长白山、千山，南临黄海、渤海，因山石多呈淡黑色而得名。

大黑山雄踞辽东半岛要冲，扼守大连门户，是古来兵家必争的战略重地。自隋唐以来，卑沙城金戈铁马，点将台刀光剑影。今虽硝烟散尽，鼓角已息，然战争遗址犹在，古迹依稀可寻。大黑山自然景观荟萃，奇峰异树、瀑布小溪星罗棋布，鹞子口、关门寨、舍身崖、滴水壶、仙人台等点缀其中；响水观、朝阳寺、石鼓寺、观音阁历史悠远，香火绵绵不绝，为大黑山增添了浓厚的宗教色彩。因此，古人称誉大黑山为“辽左东南一隅之胜境也”，诚不虚矣。登临峰巅，东观黄海喷薄日出，生气蓬勃的金州新区尽收眼底；西眺渤海晚霞斜晖，风雨沧桑的金州古城一览无余。

대흑산大黑山은 대혁산大赫山 또는 대화상산大和尙山이라고도 한다. 대혁산大赫山 동쪽 5km지점에 위치하며, 대련 시내까지는 25km이고, 면적은 23.79㎢이다. 대흑산은 '山'의 한자를 닮은 山의 산맥으로 표고는 663.1m이다. 북으로는 장백산과 千山, 남으로는 황해와 발해에 임하고 있으며, 산석山石이 흑색에 가까워서 대흑산 이라고 명명된 것이다.

대흑산은 요동반도의 요충지에 웅거하고 있으며, 대련을 지키는 관문이다. 옛날부터 병가로서는 반듯이 쟁취하는 전략적 요충지이다. 자고로 수(隋) 당(唐) 시기이후 「비사성 안에는 철로 된 모철마矛鐵馬와 점장태点將台 위에는 도광검영刀光劍影」등이 있었다. 지금은 없어 졌으나 전쟁유적이 남아있다. 대흑산의 자연풍경은 대단하며 여러 모양의 봉우리와 나무들과 폭포와 실개천이 많이 있다. 요자구요子口, 관문채關門寨, 사신애舍身崖, 적수호滴水壺, 선인태仙人台 등도 있으며, 향수관響水觀, 조양사朝陽寺, 관음각觀音閣 등은 역사적으로 유구하며, 향화면香火綿도 끈기지 않고 지속되고 있으며, 대흑산에는 짙은 종교색채가 풍기고 있다. 그래서 고인古人들은 대흑산을 요동의 승경지勝景地로 하고 있다. 산마루에 오르면 동으로는 황해의 일출을 볼 수 있고, 생기가 활발한 금주金州 신구新區의 발전상이 눈에 들어온다. 서쪽을 바

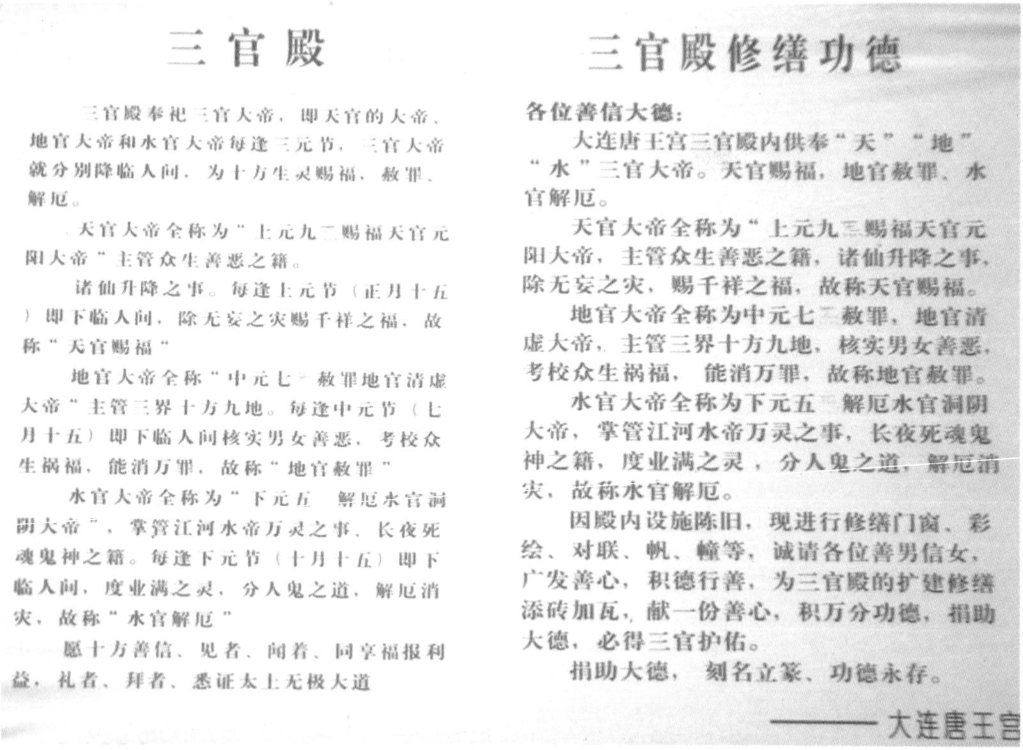

三官殿

三官殿奉祀三官大帝，即天官的大帝、地官大帝和水官大帝每逢三元节，三官大帝就分别降临人间，为十方生灵赐福，赦罪，解厄。

天官大帝全称为"上元九二赐福天官元阳大帝"主管众生善恶之籍。

诸仙升降之事。每逢上元节（正月十五）即下临人间，除无妄之灾赐千祥之福，故称"天官赐福"

地官大帝全称"中元七一赦罪地官清虚大帝"主管三界十方九地。每逢中元节（七月十五）即下临人间核实男女善恶，考校众生祸福，能消万罪，故称"地官赦罪"

水官大帝全称为"下元五　解厄水官洞阴大帝"，掌管江河水帝万灵之事、长夜死魂鬼神之籍。每逢下元节（十月十五）即下临人间，度业满之灵，分人鬼之道，解厄消灾，故称"水官解厄"

愿十方善信、见者、闻者、同享福报利益，礼者、拜者、悉证太上无极大道

三官殿修缮功德

各位善信大德：

大连唐王宫三官殿内供奉"天""地""水"三官大帝。天官赐福，地官赦罪、水官解厄。

天官大帝全称为"上元九三赐福天官元阳大帝，主管众生善恶之籍，诸仙升降之事，除无妄之灾，赐千祥之福，故称天官赐福。

地官大帝全称为中元七二赦罪，地官清虚大帝，主管三界十方九地、核实男女善恶，考校众生祸福，能消万罪，故称地官赦罪。

水官大帝全称为下元五二解厄水官洞阴大帝，掌管江河水帝万灵之事，长夜死魂鬼神之籍，度业满之灵，分人鬼之道，解厄消灾，故称水官解厄。

因殿内设施陈旧，现进行修缮门窗、彩绘、对联、帆、幢等，诚请各位善男信女，广发善心，积德行善，为三官殿的扩建修缮添砖加瓦，献一份善心，积万分功德，捐助大德，必得三官护佑。

捐助大德，刻名立篆、功德永存。

——大连唐王宫

라보면 발해의 석양노을이 찬란하고, 금주金州 고성古城이 한눈에 들어온다.

하차한 광장廣場에서 대흑산의 정상을 향하여 100여m쯤 올라가니 고찰이 있다. 전번에는 보지 못한 건물들이다. 여기서 등정登頂은 포기하고 고찰을 둘러보았다.

이 유적들은 당唐 태종太宗에 관한 것 같은데 대략 다음과 같다.

대흑산에 들어가는 아치

삼관전의 정문인 대련당왕궁

삼관전과 5층탑

신장 앞에 진설한 과일과 잔이 一, 三, 四, 五로 되어 있고, 특히 삼관선 앞의 탑이 오층이다. 그리고 모든 계단 수는 三, 五, 七, 九이다. 이는 동이족의 풍속이며 당 태종에 관한 것들인데 이치에 맞지 않는다.

三官殿

三官殿奉祀三官大帝，即天官的大帝、地官大帝和水官大帝每逢三元节，三官大帝就分别降临人间，为十方生灵赐福，赦罪、解厄。

天官大帝全称为"上元九炁赐福天官元阳大帝"主管众生善恶之籍。

诸仙升降之事。每逢上元节（正月十五）即下临人间，除无妄之灾赐千祥之福，故称"天官赐福"

地官大帝全称"中元七炁赦罪地官清虚大帝"主管三界十方九地。每逢中元节（七月十五）即下临人间核实男女善恶，考校众生祸福，能消万罪，故称"地官赦罪"

水官大帝全称为"下元五炁解厄水官洞阴大帝"，掌管江河水帝万灵之事、长夜死魂鬼神之籍。每逢下元节（十月十五）即下临人间，度业满之灵，分人鬼之道，解厄消灾，故称"水官解厄"

愿十方善信、见者、闻者、同享福报利益，礼者、拜者、悉证太上无极大道

三 官 殿

三官殿에 奉祀하는 三官大帝는 天官大帝, 地官大帝, 水官大帝를 三元節〈1월15일, 7월15일, 10월15일〉마다 祭祀지내는 祠堂이다. 三官大帝는 人間에게 降臨하사 分別하여 十方生靈의 福을 주시고, 罪를 赦해주시며, 厄을 풀어주신다.

天官大帝는 上元節〈1월15일〉에 賜福天官〈總理級〉으로서 衆生의 善惡을 管理를 主管한다. 諸仙 昇降之事하고, 上元節〈正月15일〉마다 人間에게 降臨하사 災殃을 없애주시고 千祥의 福을 주신다. 그래서 天官賜福이라고 한다.

地官大帝는 中元節〈7월15일〉에 赦罪地官〈長官級〉인 請虛大帝로서 三界〈이세상〉, 十方〈東西南北, 乾坤艮巽, 上下〉 九地〈땅의가장 낮은 곳 또는 孫子兵法의 아홉 가지 땅〉를 主管한다. 그리고 中原節마다 降臨하시어 人間의 善惡을 調査 確認하고, 衆生의 禍福을 試驗하며, 萬가지 罪를 能히 없앨 수 있다. 그래서 地官赦罪라고한다.

水官大帝는 下元節〈10월15일〉 水官洞陽大帝로서. 江河水의 萬靈의 關한 일과 死者의 魂魄神의 籍을 管掌한다. 그리고 下元節마다 降臨하시어 度業滿之靈과 人鬼之道의 分別과, 災殃을 解消하고 厄을 풀어주는 일을 한다. 그래서 水官 解厄이라고 한다.

十方善信을 願하고, 報福利益과 禮拜者와 悉證太上 無極大道를 같이 享有하자.

대충 둘러보고 아치입구에 있는 관리 사무소에 와서 관리인과 대화를 하고 책 '行走 大黑山'을 샀다. 38元짜리를 활인해주어 35元에 샀다.

이을형 박사와 정병욱 회장과 노점상의 빈 의자에 앉자 잡담을 나누었다. 노점에서 살 것

이 없다. 일행이 도착하여 16시 35분에 출발하여 16시 55분에 시골집에 도착하여 저녁식사를 했다. 17시 40분에 출발하여 18시에 십리브十里堡 TG를 통과하여 G-15로 진입했다. 20시에 서해복무구西海服務區에 들려 20분간에 휴식과 용변보고 떠났다. 21시 20분에 반금남참盤錦南站을 통과〈370元〉하고 21시 40분에 반금시에 있는 금강지성錦江之星 Hotel에 도착했다. 59호실에 이박사와 같이 투숙했다.

2. 2016. 8. 2. 火

05시 30분 기상하여 07시 30분 호텔에서 아침식사를 마쳤다. 08시 45분에 발차한 후 차내에서 여러분의 강의가 있었다. 10시 10분에 의무여산醫巫閭山 광장에 도착했다.

의무여산 광장 입구

의무여산 조경

의무여산 비명과 분수대

청용 현무 주작 백호

의무여산의 사신 상

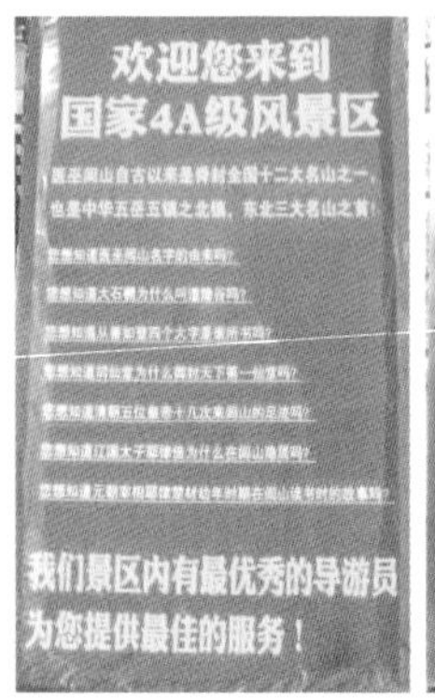

각종 표지 물

의무여산은 2008년 2월에 들렀다. 이 산은 전국 12명산 중의 하나이며 당나라 때부터 오악 오진 중의 최북단의 진산이라고 한다. 자세한 설명은 생략한다. 의무여산醫巫閭山 입구에는 새로운 조경의 시설물이 들어서 있다. 나는 덥기도 하고 정상에 걸어서 올라가는 부담을 덜기위하여 새로 조경한 시설물만 돌아보기로 했다.

경내의 조형물

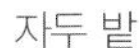

자두 밭

광장에 있는 식당

12시 30분에 醫巫閭山 산문외山門外 第一家 백루白樓 농가원農家院에 도착하여 점심식사를 했다. 12시 50분에 출발하여 13시 10분에 북진참北鎭站을 통과하여 G-25로 진입하였다. 14시에 부신阜新 휴게소에 도착하여 용변을 보고 14시 20분에 발차했다. 15시 40분에 G-25를 나와 G-101을 거쳐 16시에 조양북참朝陽北站을 통과〈275元〉하여 16시 10분에 조양 북탑

북 탑

박물관北塔博物館 입구에 도착하자 차에서 내려 골동품 노점과 구옥舊屋을 구경하면서북탑에 16시 35분에 도착하여 북탑에 들어가서 내부를 구경했다.

북탑거리 입구의 아치

골동품 노점

北 塔 内部

北 塔 内部의 佛像

南 塔

北 塔 外部의 조각(彫刻)들

16시 55분에 나와서 북탑 박물관에 17시에 들어갔다. 둘러보고 17시 30분에 나왔다. 관심을 끌만한 전시품도 변변찮고 사진촬영도 좋지 않다. 그래서 다음 자료 만을 제시한다.

北 塔 박물관

前燕慕容皝建都龙城

公元三世纪中叶，居于北方的鲜卑族慕容氏部落，在首领莫护跋的率领下入居辽西。西晋时，慕容廆占领燕北、辽东一带，自称鲜卑大单于。西晋末，北方陷入民族分裂混战，少数民族大量南迁中原，并建立了十六个政权，史称东晋十六国。公元337年，慕容皝称燕王，都于棘城，史称"前燕"。公元341年，慕容皝派阳裕、唐柱于柳城之北、龙山之西筑龙城（今朝阳市区老城）。公元342年，慕容皝迁都龙城，并修建和龙宫。此后，前燕政权的统治势力不断强大，疆域也不断扩充，其统治版图包括今天辽宁西部、河北、山东、山西、河南等省范围内。

前燕 慕容 황 建都 龍城

西紀 3世紀 中葉 北方에 鮮卑族 慕容氏 部落이 있었다. 首領 莫護跋이 있었는데 遼西地域을 領導하고 있었다. 西晉 時 慕容외〈엄鬼〉가 燕北과 遼東一帶를 占領하고 自稱 鮮卑 大單于라고 했다.

西晉末期에 北方에서 陷入한 民族들의 分裂로 混戰時에 少數民族이 大量으로 中原에 南遷하여, 서로 十六個 政權을 세웠고, 이를 歷史的으로 東晋 十六國이라고 한다. 西紀337년 謀容황광〈皇光〉은 燕王이라고 하며, 束城에 都邑을 세웠는데 歷史에서는 前燕이라고 한다. 西紀341년에 慕容황派 陽裕와 唐주〈수主〉는 柳城의 北쪽에 있으며 龍山의 西쪽의 龍城〈只今의 朝陽市區의 老城이다.〉이다. 西紀342년에 慕容황은 龍城으로 遷都를 하고 龍宮을 修建했다. 이후 前燕政權의 統治勢力은 不斷이 强大해지며 疆域도 不斷히 擴張하고, 그 統治版圖는 今日의 遼寧西部, 河北, 山

乾隆东巡御驾佑顺寺

建立清政权的满族起源于东北白山黑水，为了不忘祖宗龙兴之地，顺治皇帝生前即欲出关东巡，祭扫祖宗陵墓。此后，清历代皇帝都有出关祭祖谒陵的活动。公元1671年，康熙皇帝实现了其父的遗志，首次出关到盛京东巡祭陵。

乾隆四十八年(公元1783年)乾隆皇帝弘历第四次东巡祭祖，途经承德、凌源、喀左、朝阳等地至盛京。行经朝阳时驻跸佑顺寺，并为寺院书题"真如妙觉"匾，悬于寺大雄宝殿之上，以示对佛门之尊崇。

東, 山西, 河南 等의 省을 包括한다.

乾隆 東巡 御駕 佑順寺

〈乾隆皇帝가 御駕를 타고 東쪽에 있는 佑順寺를 巡察했다.〉

白山〈白頭山〉과 黑水〈黑龍江〉에서 起源한 滿洲族이 淸나라를 세우고 祖宗의 龍이 일어난 땅을 잊지 않기 위하여 生前에 東巡하여 祖宗陵墓에 祭祀를 지내고 싶은 慾望이었다. 이후로 淸나라 歷代皇帝는 陵에 祭祀지내는 것을 渴望하고 活動했다.

西紀1671년에 康熙皇帝는 그의 父親〈順治 皇帝〉의 遺志에 따라 實現하였다. 이후에도 數 次例 盛京〈瀋陽〉에 東巡하여 陵에祭祀를 擧行했다.

乾隆48년〈서기1783년〉 乾隆皇帝 弘曆은 第四次의東巡하여 祖上에게 祭祀를지냈다. 盛京에 가기위해서는 途中에 承德, 凌源, 喀左, 朝陽 等을 거쳐야 했다. 이때에 朝陽에 駐필〈皇帝가 行次를 머물러 宿泊하는 것〉하여 佑順寺에 들려 寺院書題로 "眞如妙覺"扁額을 써서 大雄寶殿의 위에 걸게 하고, 이로서 佛門을 尊崇함을 表示했다.

17시 35분에 출발하여 18시 5분에 가가락대주점 8,021실에 이박사와 투숙했다. 19시 30

우리 일행의 회식광경

분부터 21시까지 동 호텔 2층 식당에서 석식을 마쳤다.

3. 2016. 8. 3. 水

05시 25분에 기상했다. 08시부터 15분 동안에 아침식사를 마치고, 09시 20분에 우하량을 향하여 출발했다. 09시 45분에 조양참을 통과하여 G-16으로 진입했다 391km지점이다. 54분에 G-25로 바꾸었다. 10시 38분에 나와서 건평建平 남참南站을 통과했다. 요금은 105元이다. 11시 9분에 우하량 박물관 주차장에 도착했다. 우하량에 관한자료는 2016년 8월 답사인 제30차분에서 누락된 것만 소개하기로한다.

牛河梁遺址簡介

牛河梁遺址属于新石器时代晚期的红山文化，距今5500年至5000年。遗址于1981年发现，1983年开始发掘，1988年被国务院公布为全国重点文物保护单位。2003年第十六地点的发掘被评为年度全国十大考古发现。2004年遗址被国家文物局列入重点大遗址。2008年，国家文物局和辽宁省人民政府确定以牛河梁遗址8.3平方公里核心保护区为依托，正式启动牛河梁国家考古遗址公园项目建设。2013年被国家文物局正式列入第二批国家考古遗址公园名单。2012年与赤峰市红山后遗址、魏家窝铺遗址一起列入重设的《中国世界文化遗产名单》。

牛河梁红山文化坛、庙、冢等遗址和珍贵玉器的发现，以确凿而丰富的考古资料证明，早在5000年前的红山文化晚期，社会形态就已经发展到原始文明的古国阶段。她为中华民族五千年的文明史提供了有力物证，对中国上古时代的社会发展史、传统文化史、思想史、宗教史、建筑史、美术史的研究都产生重大影响。牛河梁红山文化遗址的确是中华民族寻祖问源的圣地、东方文明的曙光。

'牛河梁 玉器賞析' 책을샀다. 30元〈정가 58元〉

牛河梁 遺址 簡略 解說

牛河梁 遺址는 紅山文化圈과 같이 新石器時代의 晚期로서 距今 5,500年~5,000년이다. 이 遺址는 1981년에 발견되어 1,983년부터 發掘을 해서, 1988年에 全國重點文物 保護單位로 國務院에서 公布하였다. 2,003年 第16地點의 發屈 評價에서 全國 十大 考古의 發見으로 指定되었고, 2,004年에 國家文物局 序列의 重點大遺址로 認定되었다. 2,008年에 國家 文物局과 遼寧省 人民政府에서 確定하고 牛河梁遺址 8.3平方km의 核心保護區로 依託되어 正式으로 牛河梁 國家 考古 遺址 公園 項目으로 建設하게 되었다. 2,013年에 國家 文物局에 正式으로 第二批 國家考古 遺址公園 單位로 編入되었다. 2,012年에 赤峰市 紅山后 遺址와 더불어, 中國 世界 文化遺產名單에 올랐다.

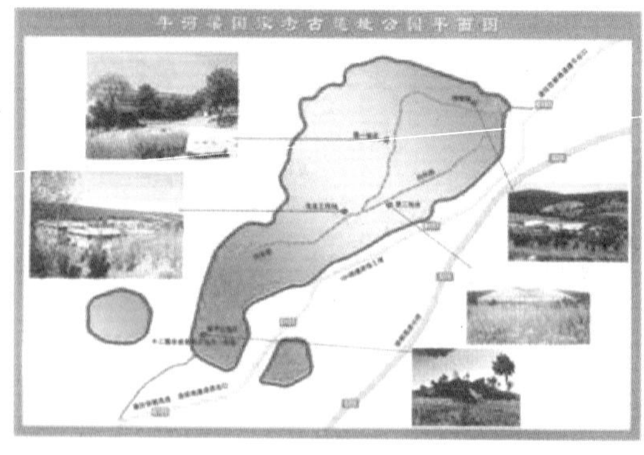

牛河梁과 紅山文化의 壇, 廟, 塚 等 遺址와 珍貴한 玉器의 出現은 確實하고 豊富한 考古資料로 證明되었고, 일찍이 5,000年 前의 紅山文化 晩期와 社會形態는 原始文明의 고國段階의 發展으로 볼 수 있다. 中華民族 五千年의 文明史 提供의 有力한 物證으로 좋은 認定을 받게 되었고 中國 上古時代의 社會 發展史, 傳統 文化史, 思想史, 建築史, 美術史 研究 等 總生産의 重大한 影響을 끼쳤다고 볼 수 있다. 牛河梁, 紅山文化 遺址는 確實히 中華民族의 祖上을 찾고 根源을 물어보는 聖地로 볼 수 있으며 東方文明의 曙光이다.

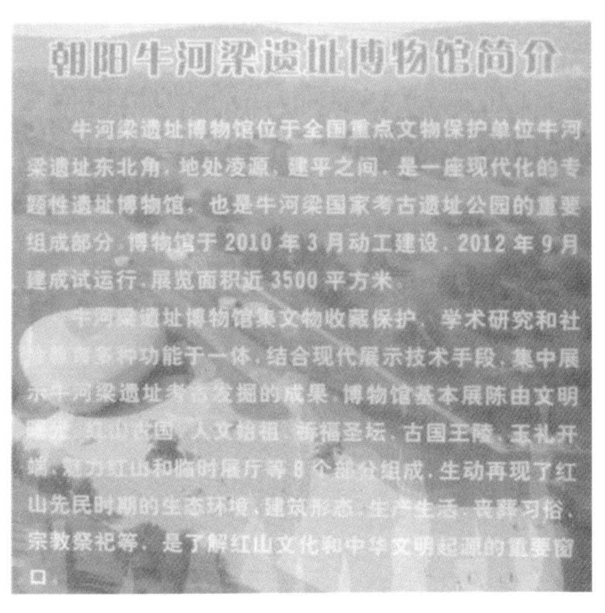

朝陽 牛河梁 遺址 博物館 簡略 解說

朝陽 牛河梁遺址 博物館은 全國 重點 文物保護單位 牛河梁 遺址 東北方 角에 位置한다. 凌源市와 建平市 間이며, 이는 하나의 現代化된 專題性〈特定 테마〉遺址 博物館이다. 이 牛河梁 國家考古 遺址公園의 重要造成部分 博物館은 2010년 3월에 着工하여 2012년 9월에 洛成하여 運行하게 되었다.

展覽面積은 3500㎡이다. 牛河梁 遺址 博物館은 文物을 收藏保護하며 學術研究와 社會教育과 多種 功能을 一體로, 結合 現代 展示技術手段으로 集中 展示한 牛河梁 遺址 考古發掘의 成果이고, 博物館 基本展陳으로 文明曙光이며, 紅山古國 人文始祖, 祈福, 聖壇이며 古國王陵 玉禮 開端〈始作의 契機〉하고 魅力 紅山과 臨時 展廳等 8個部分으로 造成 하여 生動力있게 再現한 紅山 先民時期의 生態環境, 建築形態, 生産生活, 喪葬風俗, 宗教祭祀 等으로 紅山文化와 中華文明의 起源的 要 窓口임을 理解해주기 바란다.

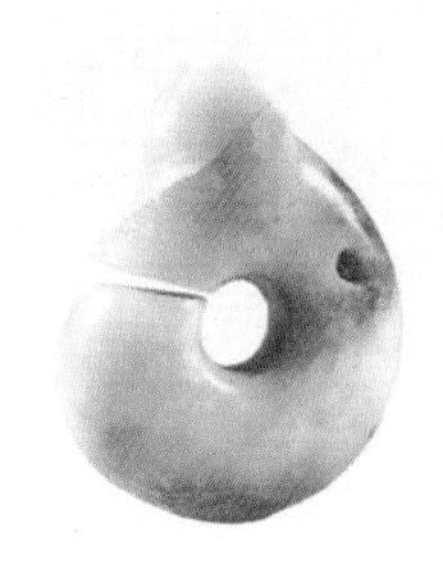
우하량의 대표 옥저용(玉猪龍)

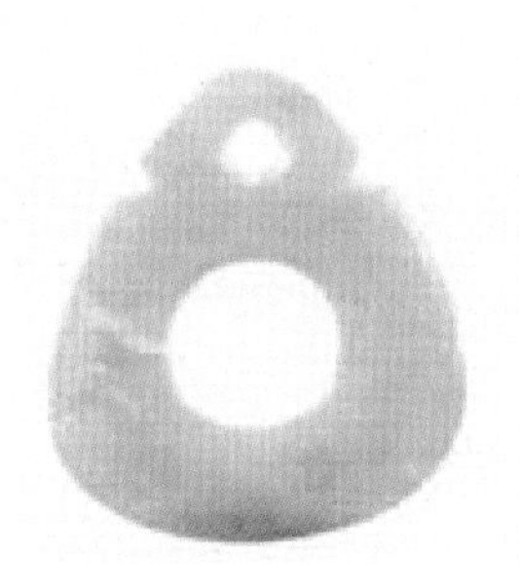
쌍련옥벽(雙聯玉壁)

채도통형기(彩陶筒形器)

쌍수면패식(雙獸面佩飾)

구운형옥패(勾云形玉佩) 옥용패(龍鳳佩)

옥봉(玉鳳) 옥인(玉人) 옥삭통형기(玉斜口筒形器) 쌍인수(雙人首) 삼인공(三人孔) 소배식(梳背飾)

牛河梁 지구의 자랑하는 玉器류

12시 5분에 출발하여 12시 30분에 우하량 유지 돔 광장에 도착했다.

牛河梁遺址 第2地點은 海拔高度가 650m다. 南쪽의 第3地點까지는 200m이고, 正 北方의 第1地點인 女神廟까지는 1,050m다. 이 第2地點은 比較的平坦한 丘陵으로 廣闊하다. 大略的으로 北高 南低인데 5~8°의 傾斜地이다. 地表는 近代에 와서 大面積으로 開墾한 耕作地다. 遺址의 範圍는 東西가 130m이고, 南北의 幅은 45m로 占有面積은 5,850m²이다. 이는 只今發見한 牛河梁의 最大의 積石冢 群이다, 6單位로 分類番號를 매겼는데 1, 2,

4, 5, 6單位는 積石冢이고, 3單位는 圓形祭壇으로 第2單位와 더불어 이 積石冢群의 中心部다. 2號冢은 中心에 大冢이 있고, 墓口는 돌을 쌓은 方形의 冢台로 되어 있고, 墓壁은 3層階段으로 되어 있다. 이 積石冢의 發見은 牛河梁 遺址 墓葬 中 規模가 最高의 墓葬에 該當된다.

第2地點 保護 展示館은 2,009年에 着工하여 2,012年에 竣工되었으며, 工程 建築面積은 7,200㎡이다. 費用은 近 一億元이다. 淸華大學 建築設計研究院과 英國皇家 建築師協會 聯合設計에서 關與했다. 또 遼寧 國際建設 工程集團 有限公司와 哈爾賓 工業大學 空間 鋼結構 幕墻有限公司와 沈陽遠大알미늄業 工程有限公司가 聯合施工했으며, 主體는 可逆鋼 結構形式이다. 氟化 銅 裝飾板을 밖에 걸었다. "變形的 玉猪龍"을 設計理念으로 하였다. 이 工程은 지금 朝陽市 最大이고 가장複雜한 異型鋼 結構 管桁架이고, 複合 金屬屋面 建築工程이다. 東北最大이며 外裝飾材料의 建築工程은 銅版으로 하였다. 全國 大 遺址 保護工程 中 設計가 가장 複雜하고, 造型은 가장 精美한 文物保護 展示工程이다.

牛河梁遺址 第2地點는 30次때에 사진을 찍었으므로 누락(漏落)된 것만 제시한다.

적석총(積石冢) 1號

적석총 2號

적석총 4號

제단(祭壇)

적석총 6號

적석총 천정(天井)

遼 中京 博物館 正門

遼 中京 博物館 入口

13시에 출발하여 백성촌 식당에 13시 20분에 도착하여 식사를 마치고 14시 38분에 출발했다.

15시 30분에 영성 참를 통과하여 15시30분에 요 중경탑 광장에 도착했다. 16시 20분에 출발하였다.

요遼 중경中京 박물관은 최근에 건립되었으나 다시 와서 검토해야하겠다.

遼 中京 13層 塼塔

중국의 탑 들

砖　塔

外城南部现存有砖塔两座。位于中央大道东北方的大塔，通称大明塔，八角十三层密檐式，通高81.39米。塔身第1层每面镶嵌有砖雕的佛、菩萨、力士和飞天像，转角柱砌成双层塔形，上层刻佛塔名，下层刻菩萨名。传此塔为辽圣宗时感圣寺内所建舍利塔。1983年修缮时曾在塔上发现寿昌年间的题记。位于中央大道西面的佛塔俗称小塔，高24米，八角十三层密檐式，可能是辽末或金代建筑。另在外城城外的西南方还有一座残砖塔，仅存塔身第1层以下部分，残高约6米，俗称半截塔。

外城 南쪽에 兩座의 塼塔이 現在 남아있다. 中央은 큰길이고 東北方에 大塔이 있으며, 通稱 大明塔이라고 한다. 八角13層 密첨식이며, 높이가 81.38m이다. 塔身 第1層은 每面에 塼彫로 만든 佛像이 끼워 넣어져있는데, 菩薩, 力士와 飛天像, 벽돌은 쌓아 올린 雙層의 塔 模樣과 上層 刻 佛塔 名과 下層 刻 菩薩名이다. 이 塔은 遼나라 聖宗때에 感聖寺內의 所建舍利塔으로 傳한다. 1983年 修繕時 塔上部에서 壽昌年間의 題記가 發見되었다. 中央大道 西面에는 불탑 俗稱 小塔이 位置하고 있는데, 높인 24m이고, 八角13層 密첨식이며, 遼末이나 金代初에 建築한 것이다. 이외에 外城밖 西南方에 一座의 塼塔이 남아 있다, 塔身의 1層下部分이 남아 있는 殘高가 6m인데 俗稱 半截塔이라고 한다.

17시에 서교수비참西橋收費站을 통과했다. 17시 30분에 남대영자南大營子를 통과하면서 G-45번으로 진입하고, 17시 42분에 적봉남참赤峰南站을 통과하고, 18시 25분에 홍산공원에 도착하여 홍산을 배경으로 기념사진을 찍었다.

홍산을 배경으로 찍은 일행들 기념사진

19시 10분에 출발해서 19시 22분에 홍산후의 서수지西水地에 도착했다.

紅山 後의 西水地

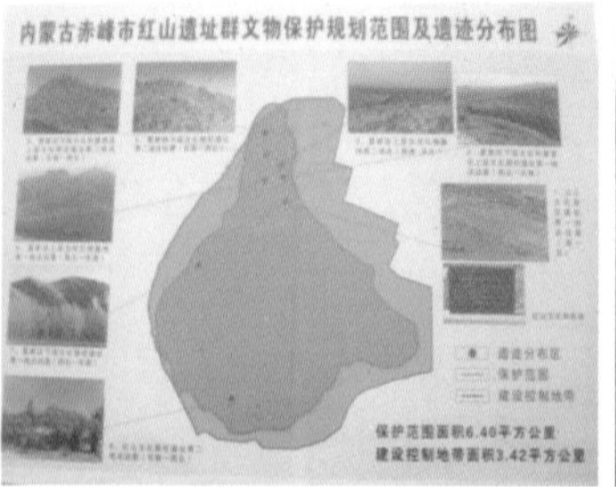

홍산 유적 분포도

풀을 뜯는 양들

홍산紅山 후後 주변은 시간도 없고 30次때 찍은 자료가 있어 홍산에 오르지 않고 19시 47분에 출발하여 20시 32분에 호텔에 도착했다. 인가원이부仁家院二部 식당에서 21시부터 22시 25분까지 식사를 마치고 22시 35분에 황만세기주점港灣世紀酒店에 와서 2,105호실에 이박사와 같이 투숙했다.

저녁 식사하는 우리 일행 들

4. 2016. 8. 4. 木

06시에 기상하고 07시에 이박사와 같이 근처에 있는 시장구경을 했다.

시장 전경

야채 류

돼지고기

아침식사를 08시 30분에 마치고, 09시 21분에 출발하여 10시 10분에 적봉 박물관에 도착했다.

새로 건축한 적봉 박물관의 위용(偉容)

적봉지구의 유적지 위치 표시도

적봉 유물의 상징 C형 용

◀ 적봉시의 상징 용마 동상

작년의 30차 때에 정리한 자료에서 별로 변한 것이 없어서 내부진열 유물을 한 시간 여 동안 한 바퀴 돌아보고 11시 25분에 출발했다.

11시 35분에 적봉 박물관을 출발하여 11시 45분에 적봉 TG에서 G-16으로 진입했다. 12시 46분에 오단烏丹 TG를 통과하고 13시 5분에 홍복소주방洪福小廚房식당에서 14시까지 점심식사를 완료하고 출발하여 15시 25분에 옹우특기〈烏丹鎭〉 박물관에 도착했다. 옹우특기 박물관은 최근에 개관한 박물관으로 흥미가많은 박물관이다.

翁牛特旗博物馆简介

翁牛特旗博物馆的前身是文化馆文物组，1984年从文化馆分出，成立翁牛特旗文物管理站，2008年更名为翁牛特旗博物馆。

博物馆建筑面积5183平方米,展厅面积3500平方米，有三个楼层展区和一个临时文物展厅，选录展出翁牛特旗历史文物620件组。一楼展厅《见龙在田》，分为“文明之光”、“草原青铜”两个单元，主要展示翁牛特地区旧石器时代、新石器时代、青铜时代的文物，突出翁牛特旗是最早孕育中华文明的地区之一，以及在北方草原文化史上占有的重要地位。二楼展厅《契丹遗韵》，分为“契丹族源”、“辽代撷珍”、“契丹习俗”、“永州古城”四个单元，主要展示大辽王朝的历史及契丹民族创造的灿烂文化。三楼展厅《毡帐乾坤》，分为“大元帝国”、“明清两代”、“民族民俗”三个单元，主要展示翁牛特地区元、明、清以及近现代民族民俗文物，向观众叙说元、明、清以来，翁牛特旗地区在中国北方民族发展和民族融合中，为统一多民族国家的形成和北方草原的社会进步作出的贡献。

今天，翁牛特旗博物馆作为公益性文化事业单位和市、旗两级爱国主义教育基地，面向观众免费开放，是人们领略历史文化和了解本地区历史进程的重要窗口。

옹우특기 박물관 외관

옹우특기(翁牛特旗) 博物館의 간략해설(簡略解說)

翁牛特旗 博物館의 前身은 文化館 文物組였다. 1984년부터 문화관으로 始作하여翁牛特旗 文物 管理站으로 되었고, 2008년 翁牛特旗 博物館으로 改名되었다. 博物館 建築面積은 5,183㎡이고, 展示面積은 3,500㎡이다. 三介 層 展示場과 1介의 臨時文物展示場이 있다. 翁牛特旗 歷史 文物로 選擇된 것이 620組이다.

一層 展示場〈見龍在田〉은 '文明之光'과 '草原青銅'의 二 單元으로 되어있는데 主要展示物은 翁牛特地區의 舊石器時代와 新石器時代와 青銅時代의 文物인데, 突出한 것은 翁牛特旗의 가장 早期의 中華文明地區의 하나라는 것이다. 이로서 北方草原文化史上 重要한 地位를 占有하고 있는 것이다.

2層 展示場〈契丹遺韻〉은 '契丹族源'과 '遼代힐〈따는 힐〉珍'과 '契丹習俗'과 '永州古城'의 四 單元으로 되어 있는데 主要展示文物은 大遼 王朝의歷史 및 契丹民族 創建의 燦爛한 文化이다.

3層展示場〈氈帳乾坤〉은 "大元帝國"과 "明清兩代"와 '民族民俗'의 三 單元으로 되어 있는데 主要展示文物은 翁牛特期地區의 元 明 淸 以後의 近現代 民族 民俗 文物과 元 明 淸 以來의 觀衆敍述과 翁牛特旗地區에 있는 中國北方民族의 發展과 民族融合 中, 統一 多民族國家의 形成과 北方草原의 社會進出 作用에 貢獻했다.

오늘날 翁牛特旗 博物館은 公益性 文化事業 單位와 市, 旗 兩級의 愛國主義 教育基地로서 觀衆의 免費를 開放하고 사람의 體驗으로 歷史文化와 理解하는 歷史 先進의 重要 窓口役割을 하고 있다.

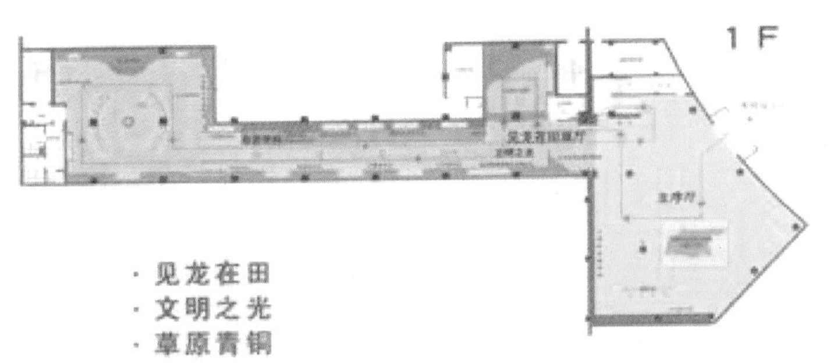
1 F
· 见龙在田
· 文明之光
· 草原青铜

见龙在田

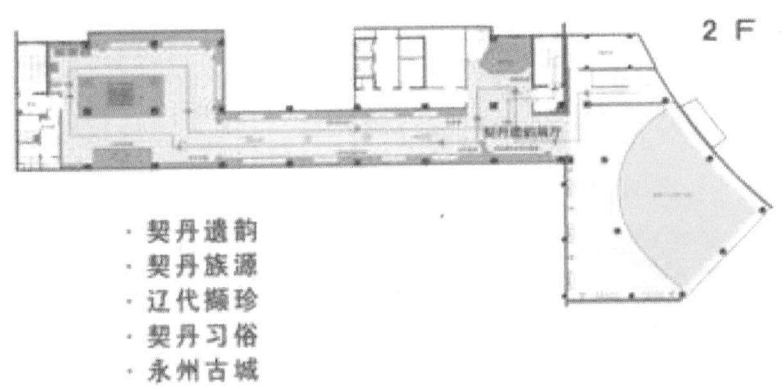
2 F
· 契丹遗韵
· 契丹族源
· 辽代撷珍
· 契丹习俗
· 永州古城

契丹遗韵

· 毡帐乾坤
· 大元帝国
· 明清两代
· 民族民俗

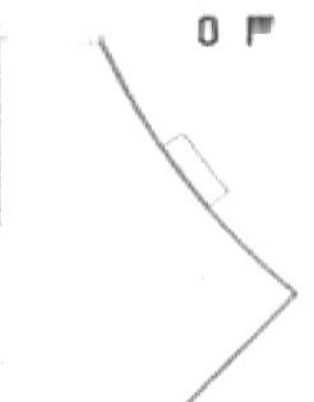

翁牛特旗 博物館의 重要 陳列品 몇 點

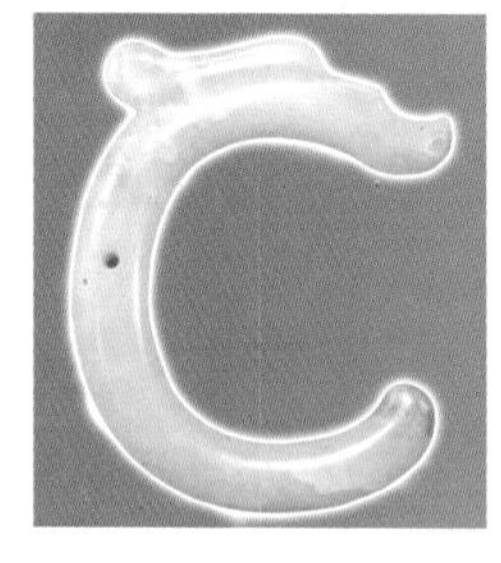

新石器時代
興隆窪文化 玉결

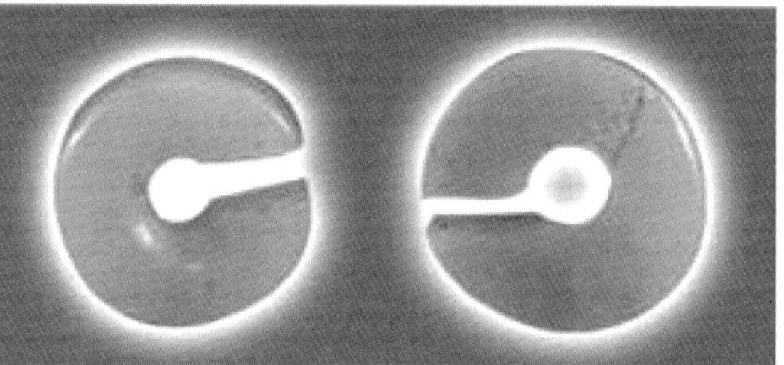

新石器時代 紅山文化 墨玉鉞〈도기월〉

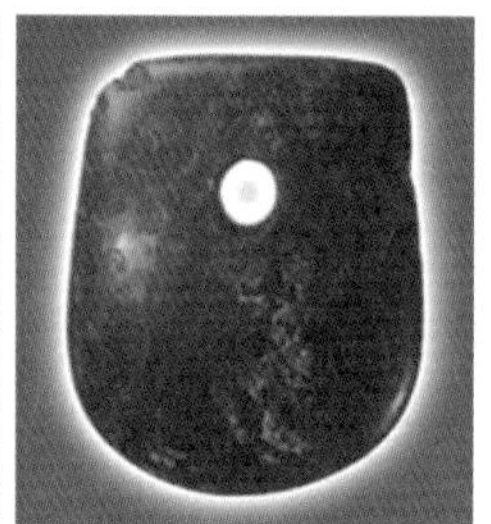

新石器時代 紅山文化
黃玉 雕〈독수리조〉龍

遼代 柏木 彩繪 浮彫 四神

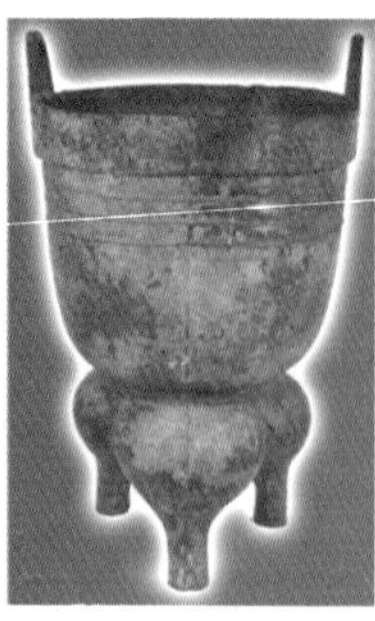

夏家店 下層文化 靑銅鼎

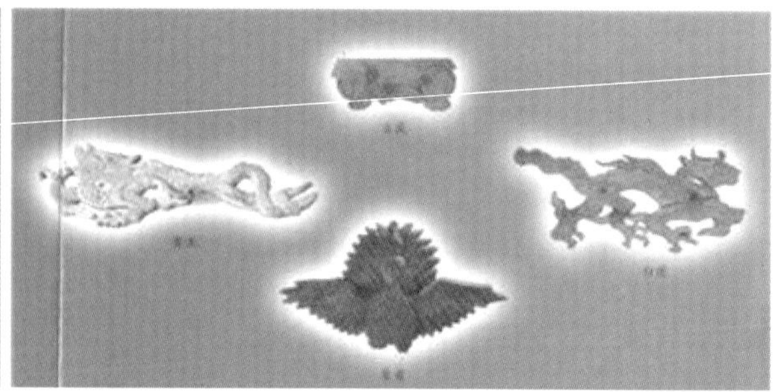

夏家店 下層文化 靑銅

遼代 綠釉刻劃牧丹文長頸瓶

遼代 綠釉刻卷草紋塑雙卓 鷄冠壺

元代
青花云龍紋玉壺春瓶 元代釉

里紅纏枝紋玉壺春瓶

元代 灰陶力士像

元代白釉剔花塡黑彩梅瓶

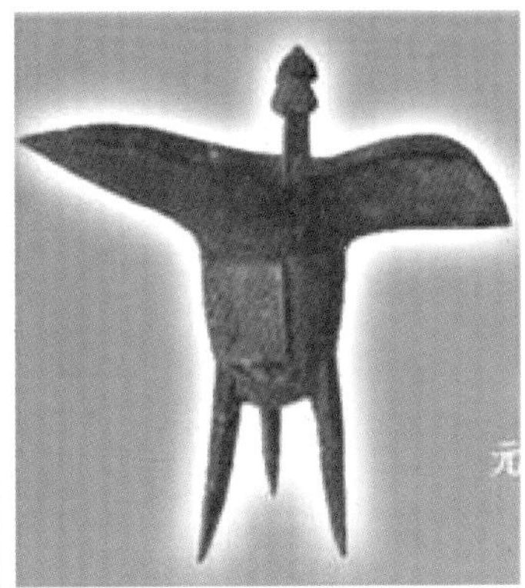

元代 銘文銅爵

翁牛特旗 歷史 文物展覽

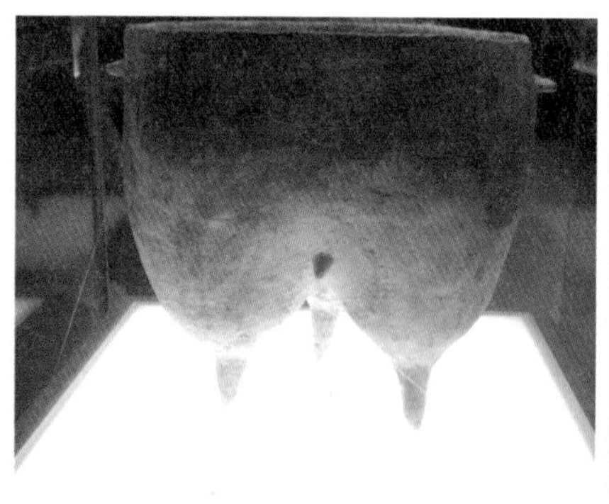

三足 容器 들

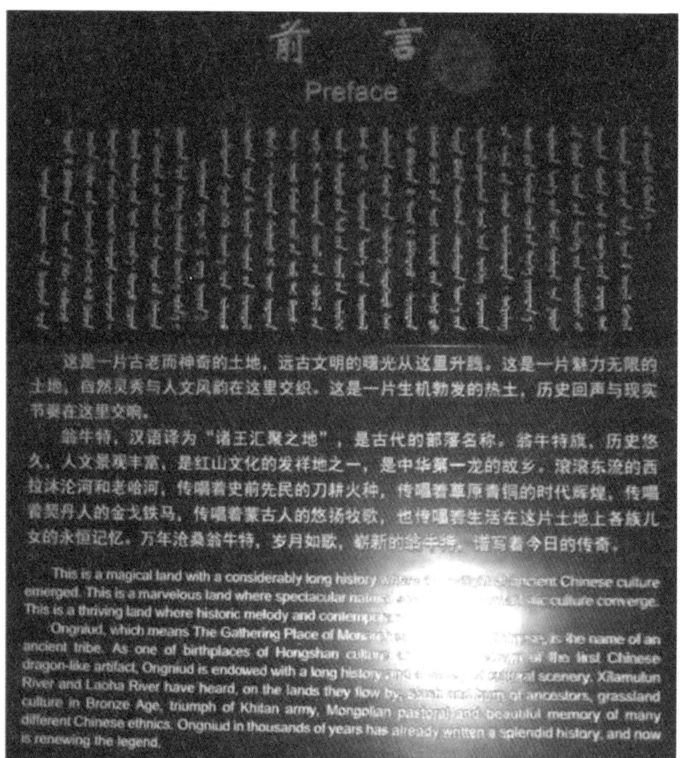

前 言

이 하나의 古老의 神奇의 土地로 遠古 文明의 曙光이 昇騰을 始作 하는 곳이다. 이는 하나의 無限한 魅力을 가진 土地이고, 自然의 靈驗과 秀麗함과 더불어 人文의 風韻이 서로 어울리는 고장이다. 이는 하나의 生氣가 勃發하는 熱土이고, 歷史의 메아리와 더불어 리듬의 拍子에 어울리는 交響의 땅이다.

翁牛特은 漢語로 飜譯하면 “諸王의會聚之地”이고, 翁牛特旗, 歷史悠久, 人文景觀 豊富, 紅山文化의 發祥地의 하나, 中華 第一龍의 故鄕이다. 西쪽으로 세차게 흐르는〈滾滾〉拉沐淪河와 老哈河, 前史先民의 耕作과 火種〈불씨〉, 草原 靑銅器時代의輝煌, 契丹人의 金戈鐵馬〈장과 말〉. 蒙古人의 悠揚牧歌〈울려 퍼지는 牧歌〉, 各 民族의 兒女들의 地上의生活相이 永遠이 記憶에 새겨 傳하여졌다. 翁牛特은 萬年의 歲月에 이르렀다. 歲月은 노래와 같다. 斬新한 翁牛特이다. 오늘의 奇異한 일을 創作했다.

文明 之 光

일찍이 約 一萬 몇 年 前인 舊石器時代 晩期에 翁牛特 大地上의 洞窟 집〈요洞〉에 사람이 살고 있었다. 只今부터 八千年 前後다. 原始 農業이 始作되었고, 이 筒型陶管은 代表的인 興隆窪文化로 나타나며 旺盛한 生命力이다. 趙寶溝文化, 紅山文化, 小河沿文化의 先后이다. 特히 1971년에 翁牛特旗 地域에서 紅山文化를 代表하는 碧玉龍이 出土됨으로 學界에 發動이 걸렸다. 이碧玉龍을 "中華第一龍"으로 呼稱하게 되었다. 그래서 文明曙光을 照射하는 神州大地〈中國〉의 標志로 選擇했다.

16시 43분에 출발하여 사막을 구경하였다. 17시 30분에 출발하여 19시 30분에 적대赤大고속 30km지점에서 진입하여 19시 35분에 오단烏丹 TG를 통과하여 G-16의 638km지점에서 대판진大板鎭〈巴林右旗〉을 향하여 달린다. 도중 두분지頭分地 휴게소에서 용변을 보고 20시 21분에 출발했다. 서랍말논西拉沫論 TG를 20시 31분에 통과 하며 45元〈地域 通過料〉의 요금을 지불했다. 21시에 대판大板수비참을 통과하며 요금 25元을 지불했다. 21시 45분에 색외항만빈관塞外港灣賓館에 도착하여 21시 54분에 8,516호실에 이 박사와 같이 투숙했다. 22시 10분부터 22시 45분까지 저녁식사를 마치고 23시에 취침했다.

5. 2016. 8. 5. 金

06시에 기상했다. 07시 30분부터 07시 55분까지 아침식사를 마쳤다. 08시 50분에 출발하였다. 주변의 넓은 평원이 비어있다. 09시 45분 좌회전한 곳이 874km지점이다. 09시 58분에 좌회전하여 G-303과 G-305를 거쳐 우로 분기되니 직선이다. 10시 36분에 교량橋梁 앞에서 내려 걸어서 교량을 건넜다. 두 번째 오는 길이다. 정문을 거쳐 직선 계단 길을 올라갔다. 전번에 왔을 때와 변한 것이 없는 것 같다.

요능(遼陵) 정문

조수성(祖州城) 석판로(石板路) 올라가는 계단길

우리 일행이 올라오고 있다.

능침(陵寢) 외관

능침 입구

능침 상판(床板)<240Cmx420Cm>

누군가 쓰다버린 나뭇가지 지팡이를 기사가 주어서 준 것을 기념품으로 가지고 왔다.

12시 4분에 발차하여 12시 34분에 상경 박물관에 갔으나 닫쳐있고, 13시 5분에서 13시 45분까지 점심식사를 마치고, 14시 20분에 요 상경유지에 도착했다. 넓고 넓은 허허 벌판이다. 저 멀리 구릉에 비석이 보인다.

기념품 지팡이

遼 上京 遺址

14시 40분에 출발하여 16시 32분에 대판 수비참을 통과하고 17시에 서랍목륜西拉沐淪 TG를 통과하면서 G-16으로 진입하여 오분지五分地휴게소에 17시 8분에 도착하여 용변을 보고 17시 30분에 출발하여 18시 55분에 적봉을 통과하고, G-16을 거쳐 19시 20분에 평평압주선참平壓主先站을 통과하며 135元을 지불했다. 19시 55분에 노건평老建平 휴게소에 들려 20시 3분에 출발하여 20시 58분에 조양 서 TG를 거쳐 21시 12분에 한정쾌첩漢庭快捷 주점애 도착하여 8,084호실에 이박사와 같이 투숙했다. 저녁 식사는 21시 40분부터 23시 30분까지 꼬치안주로 맛있게 먹었다. 24시에 취침했다.

6. 2016. 8. 6. 土

06시 30분에 기상하여 아침식사는 8시부터 15분간에 마쳤다. 08시 50분에 체크아웃하고 9시 12분에 출발 09시 50분에 조양 북 TG를 통과하면서 G-25로 진입했다. 521km지점이다. 시속 90km로 달린다. 11시 17분에 부신阜新 휴게소에 들려서 30분에 출발했다. 부신 동 TG를 11시에 나왔다. 391km지점이다. 185元지불. 11시 54분에 사해유적지查海遺蹟址 입구 Gate 앞에서 내렸다. 대형차임으로 통과도 안 되지만 지금 사해유적을 보수하는 중이니 관람이 안 된단다.

사해유적지 입구 Gate〈대형차 통과 불가〉

보수관계로 관람불가 양해 문

입구에 있는 中華 第一村 기념물

관람 자제요청으로 부득이 돌아설 수밖에 없다. 12시 2분에 출발하여 12시 15분에 부신 동 TG를 거쳐 395km지점에서 반금盤錦, 영구시營口市 쪽으로 들어섰다. 13시 15분 북진北鎮 복무구에서 용변을 보고 13시 24분에 출발했다. 13시 55분에 반금을 통과하고 G-16을 거쳐 14시 15분에 요하遼河 복무구에 도착했다.

14시 55분에 점심식사를 마치고 출발했다. 대련까지 233km이다. 15시 17분에 G-15로 진입하여 17시 15분에 삼십리보三十里堡 복무구에 도착했다. 17시 32분에 출발하여 17시 50분에 대련참을 통과하며 585元을 지불했다. 18시 40분에 증석曾石 안마집에 도착하여,

18시 50분부터 19시 50분까지 한 시간의 안마를 받았다. 20시 40분에 한국원韓國園식당에 도착하여 저녁식사를 21시 50분에 마쳤다. 22시 40분에 한정漢庭주점에 도착하여 이박사와 같이 8,422호실에 투숙했다.

증석(曾石) 안마 집

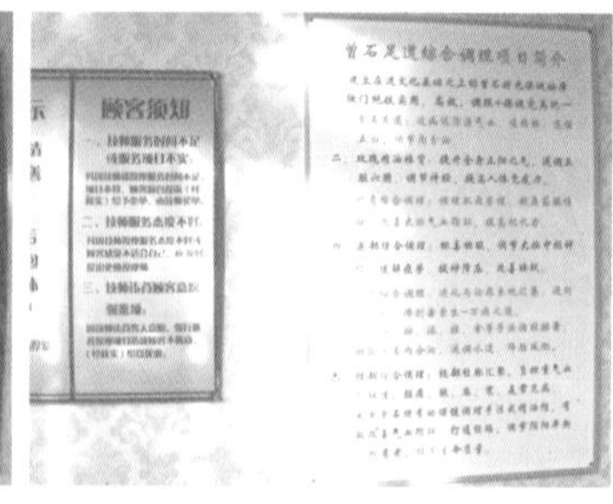

안마에 대한 숙지(熟知)사항

저녁 식사하는 우리일행

복녹(福祿)을 비는 신장(神將0 앞의 과일 진열
數 一과 三의 奇數〈東夷 系〉

우리가 투숙한 漢庭 連鎖酒店

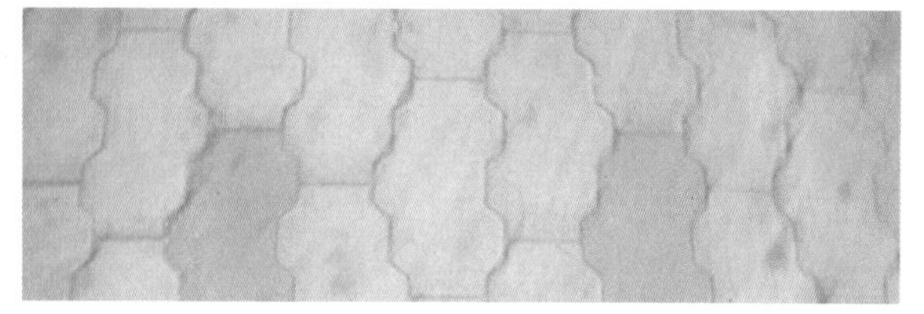

보도 블럭

7. 2016. 8. 7. 日

06시에 기상하여 07시 45분부터 08시 30분까지 아침식사를 완료하였다. 09시 30분에 출발하니 10시 10분~10시 15분 비가 내린다.

10시 22분 여순감옥(旅順監獄) 광장에 도착했다. 10시 30분부터 11시 25분까지 관람하다 册〈壯士 애국–歷史流轉〉2萬원에 샀다. 여기는 수차 오는데 올적마다 더 알차게 진열 전시한 것을 알 수 있다. 특히 우리말 해설이 되어있어 교육 상 편리하다. 안중근, 신채호, 이회영 선열들에 대한해설이 잘되어 있다. 많은 사진을 찍었으나 잘 되지 않아 몇 장 만 소개한다.

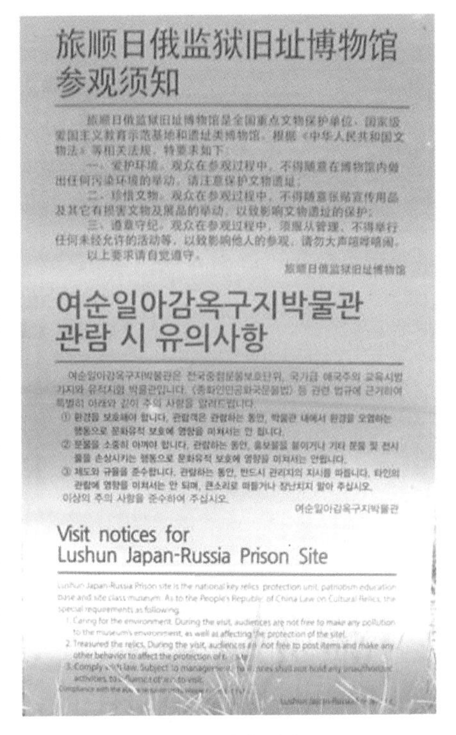

박물관참관 수지

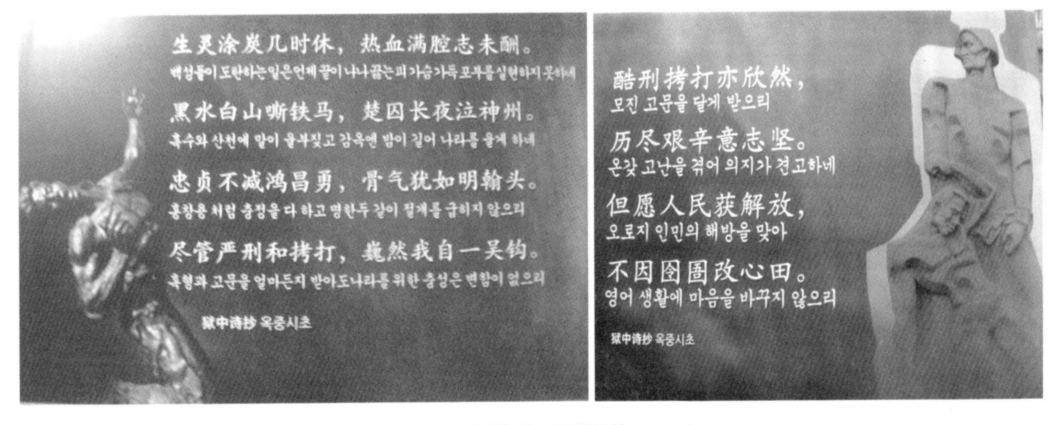

옥중(獄中) 시초(詩抄)

12시에 출발하여 12시 10분에 백옥산(白玉山)공원 광장에 도착했다. 발해와 황해를 관망하며 휴식한 다음에 출발하여 서점에 도착하여 책을 사고 12시 55분에 출발했다. 13시에 흠도정都亭 식당에 도착하여 된장찌개로 식사를 마치고 13시 50분에 출발했다. 14시 30분에 고려 박물관에 도착했다. 이곳에도 수차례 왔으므로 이을형 박사의 사진만 몇 장 찍어 드렸다.

15시 10분에 출발하여 15시 20분에 강상누상崗上樓上 묘墓에 도착 했다. 그러나 울타리 문도 닫쳐있고 잡초만 무성하다. 전연 돌보지 않은 것이다.

15시 50분에 출발해서 16시 35분에 주유를 했다. 16시 5분에 대련 비행장에 도착했다. 20시 20분에 탑승하여 특실의 2A석에 앉았다. 자주 찾는 이용객에 특별 서비스한 것이란다. 20시 45분에 이륙하여 21시 35분에 인천공항에 착륙했다.

22시 10분에 통관하고, 공항철도를 거쳐 23시 26분에 집에 도착했다.

답사중 구입도서 목록

1. 行走 大黑山 王國棟, 趙文强著 大連 出版社. 38.00元〈35元 購入〉
2. 牛河梁 玉器賣析 猛昭기 金瑞清編著 遼寧 民族出版社. 58元〈30元 購入〉
3. 赤峰史話 張立平 呂富華著 社會科學 文獻 出版社 2015.12. 25元
4. 壯士憂國-歷史 流轉 潘茂忠 金月培著 圖書出版 韓國文化社 2013.12. 20,000원
5. 赤峰市城區圖 2012.
6. 遼 中京 簡介 2元
7. 翁牛特旗 博物館 판프리트
8. 報刊 會萃 天下 非常關注〈鄧小平과 習近平〉 第 2014 11期-12期 合訂本
9. 中國 政區
10. 中國 56介民族

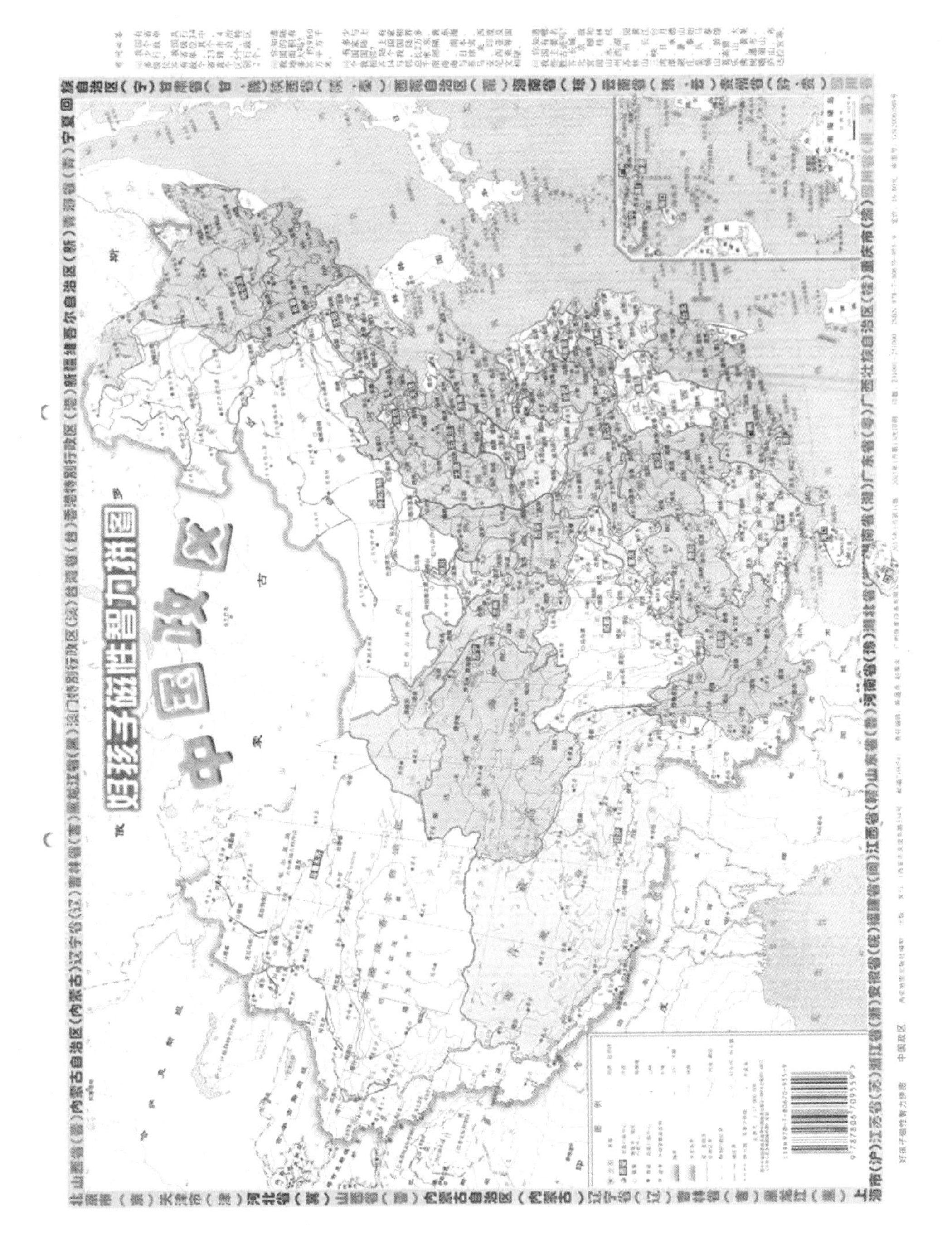

中國 行政區

이 지도地圖에서 中國人의 야욕野慾을 엿볼 수 있다. 지도엔 북한北韓이 없다. 우리국민 모두 정신精神 차려야 한다.

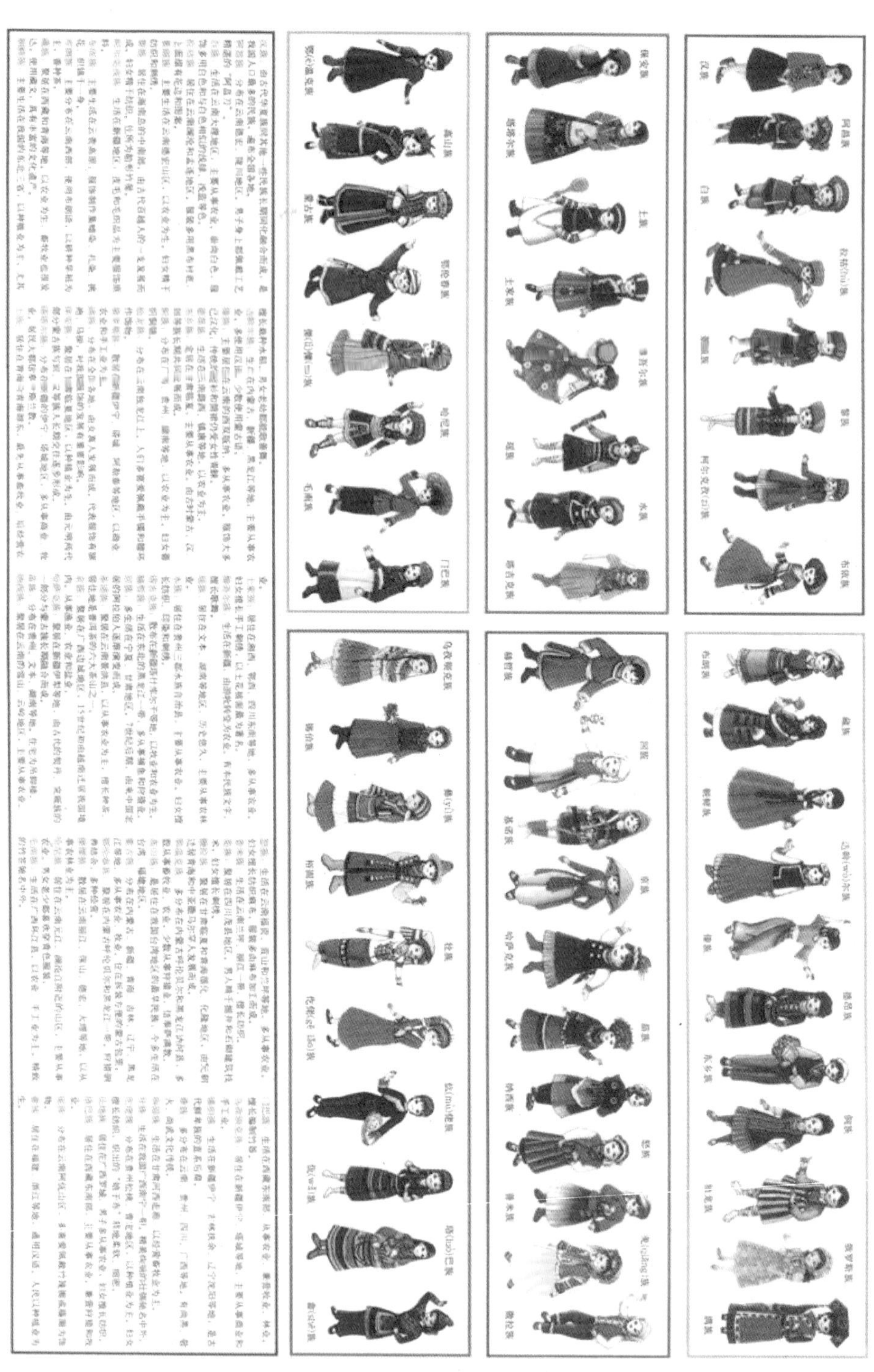

中國 56個 民族

맺음말

내 생애(生涯)에 20여 년 간 30여 차례에 걸쳐 中原 땅을 밟으며 우리들의 祖上들의 근원지(根源地)를 찾아 나설 수 있었던 것은 하늘과 先祖들이 나에게 내려준 계시(啓示)요. 숙명(宿命)이라고 말하고 싶다.

中國〈中共〉은 공산국가(共産國家)로 오랫동안 장벽(障壁)에 가로막혀 왕래를 할 수 없었던 곳이었다. 그러던 중 1992년 8월에 우리나라와 中國 間의 國交가 열었다. 우리나라와 中國은 修交이후 友好관계와 경제(經濟) 무역협력(貿易協力)을 지속적으로 强化하며 서로에게 큰 影響을 미치게 되었다.

마침 中國과의 修交당시 나는 40년간의 公職生活에서 停年退任을 하고 평소에 관심(關心)을 가지고 있던 歷史를 工夫하기 위해 민족(民族) 학술단체(學術團體)에서 活動하고 있었다. 이 學術團體에서 中原 땅의 역사유적지(歷史遺蹟地)를 답사(踏査) 할 계획을 세움으로서 절호(絕好)의 기회(機會)를 맞이하게 되어 중원(中原)내의 우리歷史 遺蹟地를 踏査하게 되었다.

처음으로 中原땅을 밟은 그 순간에 느꼈던 느낌과 감회(感懷)는 말로 다 형용(形容)할 수 없었다. 감개(感慨)가 무량(無量)하여 가슴이 뭉클하여 눈시울을 적셔야했다. 歷史속의

先祖들의 땅을 이렇게 접하게 되니 꿈만 같다. 그래서 祖上들의 흔적(痕迹)을 찾아 나서며 빠짐없이 기록하게 되었고 周邊의 모든 것을 낱낱이 카메라로 촬영(撮影)을 하였다.

數千 年의 歷史를 나의 힘으로 모두 다 찾아 기록(記錄)하는 데는 한계(限界)가 있겠지만 그래도 가장 중요한 부분(部分)만을 찾아 나름대로 記錄하고 촬영(撮影)에 충실(忠實)하였다. 그렇게 20여 년 동안에 31次를 걸쳐 中原 땅을 踏査하였고 우리民族의 後孫들에게 이 방대(尨大)한 자료(資料)들을 남겨주기 위해 2권의 册으로 출간(出刊)하게 되었다. 부디 참고(參考)하여 우리역사를 再 인식(認識)하고 더 이상의 왜곡(歪曲) 당(當)하는 일이 없길 간곡(懇曲)히 바랄뿐이다.

올해로 우리나라와 中國이 수교(修交)를 맺은지 25주년(周年)이 된다. 하지만 주변(周邊)의 安保現況으로 갈등(葛藤)이 심화(深化)되어 있으므로 不安하기만 하다.

우리는 침착(沈着)하게 대응(對應)하며 온 國民이 혼연일체(渾然一體)가 되어 더 이상 歷史와 나라를 잃지 않도록 안보태세(安保態勢)를 갖추어야 할 것이다.

다음 글은 몇 년 전 中原踏査 중에 言論에 보도된 예언(豫言) 내용이다. 外國인 조차 우리나라에 관심(關心)을 갖고 豫言을 해주니 어찌 되었던 기분 좋은 일이다.

美國의 유명豫言家 존 티토가 "2,036년에 日本은 韓國의 식민지(植民地)가 될 것이다"라고 豫言.

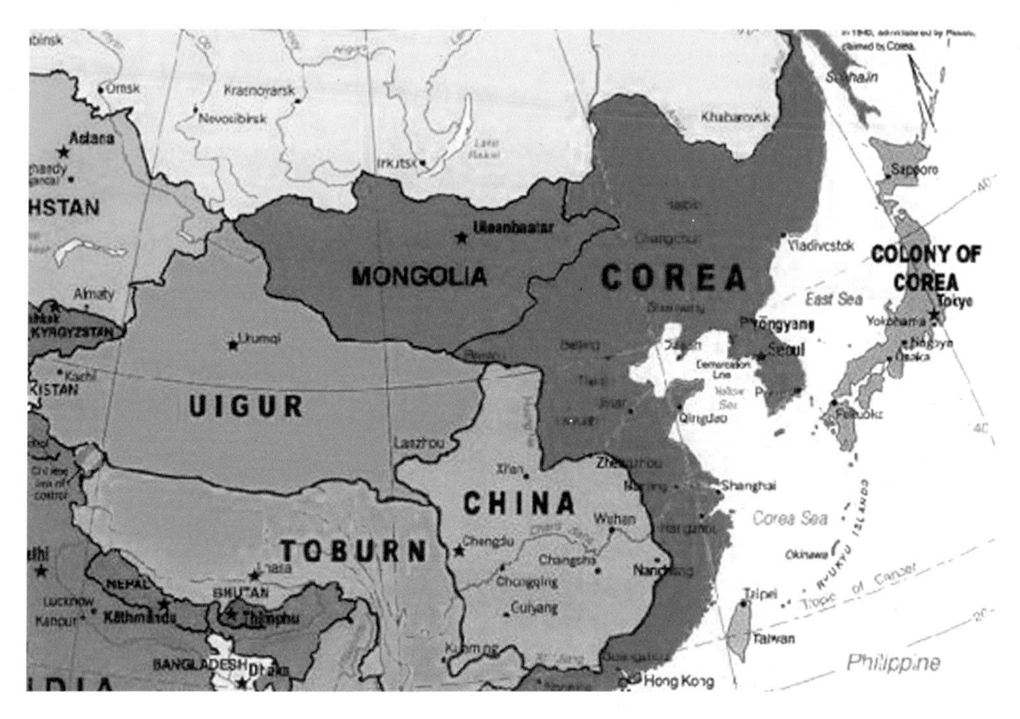

존티토가 예언한 내용을 담고 있는 地圖

美國의 유명한 豫言家 존 티토가 豫言한 내용을 담고 있는 지도(地圖)가 공개됐다. 2,036년 地圖에 日本이 우리韓國의 지배(支配)를 받는 植民地로 표기돼 있어 충격적(衝擊的)이다.

'존 티토의 豫言'은 日本이 韓國의 植民地가 될 것이며, 中國의 일부(一部)까지 우리 땅이라고 말해 눈길을 끌고 있다.

존 티토는 2,036년 제3차 세계대전(世界大戰)이 발발한 후 변화(變化)될 각국(各國)의

地圖를 공개(公開)했다. 이중 단연 耳目이 집중된 건 日本이 韓國의 植民地로 나타나 있으며, 더욱이 韓國 영토(領土)는 韓半島를 넘어 만주(滿洲)와 연해주(沿海州)를 포함한 고대(古代) 高句麗 領土를 비롯해 百濟의 영역인 中國本土 일부지방까지 擴張돼 있다. 또 과거 大韓民國을 영문(英文)으로 표기했던 대로 COREA로 적었다.

한편 존 티토는 자신(自身)이 1998年 生 男性이며 2,036년 미래(未來)에서 타임머신을 타고 왔다고 주장(主張)하고 있다. 그는 自身이 타고 온 타임머신과 조종(操縱) 매뉴얼, 원리도(原理圖) 등을 증거(證據)로 제시(提示)한 바 있다.

그는 미국 발 광우병 전 世界擴散과 2,003년 3월 美國의 이라크 침공(侵攻), 2,004년 아시아 대재난(大災難) 등의 豫言을 적중(的中)시켰다. 2,005년 동남아(東南亞) 쓰나미 대참사(大慘事)도 豫言했으며 2,015년 제3차 世界大戰 발발(勃發) 등의 豫言으로 세상의 관심(關心)을 한 몸에 받고 있다.

自身을 미래(未來)에서 온 예언가(豫言家)라고 주장하는 존 티토가 2,036년 韓國이 日本을 植民地로 삼는다고 豫言하여 世界가 關心을 갖게 되니 참으로 "大韓民國이 최대 강국(最大强國)"이 되는 날이 멀지 않은 것 같다.

과연 이렇게 될 수 있을까! 中原은 歷史上으로 볼 때 분할(分割)하게 될 것으로 본다. 지금 티베트와 위글地域은 獨立을 主張하고 있다. 우리는 이 기회(機會)를 포착(捕捉)하기 위하여 단단히 對備를 해야 한다.

아래 글은 6·25참전용사 자격으로

몇 번의 안보단체의 초청 〈安保敎育〉강의를 한

요약분이다.

현실現實의 안보安保는

직접 체험體驗으로 대비對備하고

영원永遠한 안보는 올바른 역사인식歷史認識으로

대비하자.

현실(現實)의 안보(安保)는 직접 체험(體驗)으로 대비(對備)하고 영원(永遠)한 안보는 올바른 역사인식(歷史認識)으로 대비하자.

현실의 안보교육은 휴전선(休戰線)을 비롯한 전적지를 방문(訪問)이나 탐방하여 현황(現況)을 직접보고 느끼게 하는 것이다.

휴전(休戰)이란 지금 전쟁(戰爭)을 하지 않고 쉬고 있다는 뜻이다. 그러니까 언제 전쟁이 다시 시작(始作)될지 모르는 현실이다. 기가 차는 일은 북한군이 침략용으로 파놓은 땅굴에 들어가 보면 이럴 수가 있을까. 아무런 이득(利得) 없는 땅굴을 파서 남침(南侵)을 하면 무슨 큰 소득(所得)이 있는지에 안타까울 뿐이다.

남침을 막기 위해 휴전선에 철책(鐵柵)을 설치하고 길을 닦아놓고 수십만(數十萬)의 군인(軍人)들이 불철주야 감시하고 있으니 이러한 낭비(浪費)가 어디 있는가. 그 비용(費用)과 인력(人力)을 생산(生産)분야에 투자(投資)하고 산업전선(産業前線)에서 활약(活躍)한다면 그에 대한 소득이 엄청나게 클 터인데 말이다.

아! 보기 싫은 땅굴과 철책 방위시설(施設)

제 3 땅굴〈南侵하기 위한 굴〉

휴전선의 철책

그러나 현실의 안보는 안일(安逸)하게 영위(營爲)하는 국민들의 안보의식을 고취(鼓吹)시키기 위(爲)하여 현장(現場)교육을 하여 각오(覺悟)를 새롭게 하여야 한다.

우리는 광복(光復)이 되면서 우리글인 한글과 우리 歷史를 배우게 되었다. 그런데 우리 역사는 고려(高麗) 중엽(中葉)에 김부식(金富軾)이 편찬한 삼국사기(三國史記)와 고려 말엽(末葉)에 일연(一然)스님이 편찬한 삼국유사(三國遺事)를 기초로 강단(講壇)학자들이 저술(著述)한 역사를 배웠다.

三國史記는 서기(西紀) 1,000년대(年代)에 편찬한 新羅, 高句麗, 百濟의 三國歷史이며 중원(中原)의 송(宋)나라를 섬기는 종속적(從屬的) 위치(位置)에서 벗어나지 못하고 편찬한 주관(主管)이 흐려진 역사가 되고 말았다.

三國遺事는 西紀 1200年代에 편찬한 것으로 三國史記의 유교(儒教)사관(史觀) 편향(偏向)에 대응(對應)하고 미비점(未備點)을 보완(補完)하며 불교적인 색채(色彩)를 가미(加味)한 책(冊)으로, 단군시대(檀君時代)까지 포함되어 있으나 불교의 색채가 짙은 우리 역사의 순수성(純粹性)이 희석(稀釋)되지 않았는지 의문이다.

여하간 우리는 檀君 자손(子孫)으로 4,300여년 (餘年)의 역사를 가지고 있다는 자부심(自負心)을 가지게는 되었다.

공직생활 40년을 1991년에 정년퇴임(停年退任) 후, 재야(在野) 민족학술단체에서 나의 취미인 歷史와 地理공부를 하게 되었다.

오늘날의 우리 민족의 歷史는 단기(檀紀)와 고조선(古朝鮮)의 이름만 있을 뿐 그 실체(實體)가 잡히지 않고 있다. 그러던 차(次)에 임승국 (林承國)선생의 주해(註解) '한단고기(桓檀古記)'와 이일봉(李一峯)의 '실증(實證)桓檀古記'를 접(接)하게 되었는데 이 책(冊)에 대해서도 국내학자들의 이론(異論)이 분분했다. 그러나 이 책들을 중심으로 역사를 평가(評價)하지 않을 수가 없다.

마침 뜻이 통(通)하는 몇몇 친구들과 우리 고대(古代)역사의 선조(先祖)님께서 웅거(雄據)하셨다는 中央 亞細亞〈아사달(阿斯達)〉의 현지답사(現地踏査)를 하였다.

1996年 4月부터 시작하여 2016年 8月을 마지막으로 모두 31次를 다녀왔으며 기회가 되면 또 갈 예정(豫定)이다. 여러 번을 다녀온 것은 갔다 오면 미심쩍은 점이 생겨 또 갔다 온

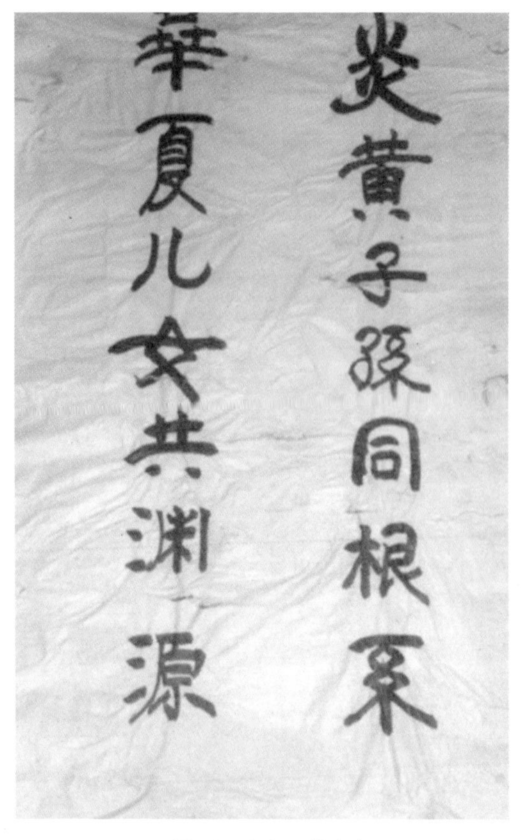

염황 자손이란 표어(標語)

곳이 여러 군데다.

中原땅에 가서 이곳저곳을 다니는 동안에 中國의 화하족(華夏族)의 역사가 잘못되어 시정(是正)하고 있는 것을 알게 되었다. 이제 와서 中國歷史는 하우(夏禹)가 시조(始祖)가 아니고, 신농(神農)염제(炎帝)와 헌원(軒轅)황제(黃帝)의 子孫이라고 선전(宣傳)하고 있었다. 우리가 환인(桓因), 환웅(桓雄), 단군(檀君)을 찾는 것과 같은 상황(狀況)이었다.

또 웃기는 것은 탁록(涿鹿)지구에 삼조당(三祖堂)이라는 거대한 사당(祠堂)을 지어 놓고 염제와 황제가 화하족의 원수(怨讐)로 여겨오던 치우제(蚩尤帝)까지 세 분의 소상(塑像)을 모셔놓고 화하족의 조상은 삼조(三祖)라는 것이다.

자오지(慈烏支) 치우제(蚩尤帝)

헌원 황제(軒轅 黃帝)

신농염제(神農 炎帝)

서기 2,000년 6월에 제5차 서안(西安)지구답사 때에 서안 역사박물관에 들렀는데 삼족(三族) 소재(所在) 위치 지도인 화하족(華夏族)과 동이족(東夷族)과 묘만족(苗蠻族)의 삼분할도(三分割圖)를 접(接)하게 되었다.

三族의 分割 圖

이 地圖는 옛날이니까 산맥(山脈)을 경계로 삼았으며, 강(江)과 하천(河川)을 중심으로 거주(居住)한 것으로 분석되었다.

그래서 현행 지도를 참고(參考)하여 경계선(境界線)을 획정(劃定)하고 보니 거의가 산맥으로 되어 있다.

즉 동이족의 영역(領域)으로 분류된 치우제가 다스린 지역은 北쪽으로 칠로(七老)산맥과 西쪽은 태행(太行)산맥으로 화하족과 경계를 이루고, 南쪽으로는 천목(天目)산맥으로 경계를 이루고 있는데 지금의 하북성(河北省), 산동성(山東省), 안휘성(安徽省), 강소성(江蘇省) 지역이며, 黃河 하류(下流)의 평야로 수운(水運)이 편리한 살기 좋은 곳이다.

그런데 치우제는 환웅(桓雄) 14세(世) 자오지천황(慈烏支天皇)으로 신시(神市)통치(統治)지역〈現 내몽고(內蒙古=紅山 文化圈) 및 만몽지방(滿蒙地方)〉에서 남하(南下)하여 탁록(涿鹿)지역에 정착(定着)한 것으로 본다.

화하족의 영역으로 분류된 황제가 다스린 지역은 黃河 중류(中流)의 황토(黃土)지역으로 위하(渭河)유역과 감숙성(甘肅省) 일부를 포함(包含)하고 섬서성(陝西省)과 산서성(山西省)과 하남선(河南省)과 내몽고 일부를 포함한 지역이며, 南쪽으로는 진령(秦嶺)산맥으로 양자강(揚子江)유역과 경계를 이루고 있다.

그리고 묘만족의 영역으로 분류된 염제〈神農系〉가 다스린 지역은 양자강 중류의 양안(兩岸)으로 호북성(湖北省)과 호남성(湖南省)과 강서성(江西省)을 포함하며 東, 南, 西쪽은 산맥으로 경계를 이루고 있다.

지금부터 4,700여 년 前의 상황(狀況)이다. 그래서 황하유역 하류의 대문구(大汶口)유적지(遺蹟地), 용산(龍山)유적지와 황하의 중류의 앙소(仰韶)유적지, 반파(半坡)유적지 등 5千年 前의 歷史 유적지를 답사하였는데 우리 환인(桓因), 환웅시대에는 미치지 못한 유적지다.

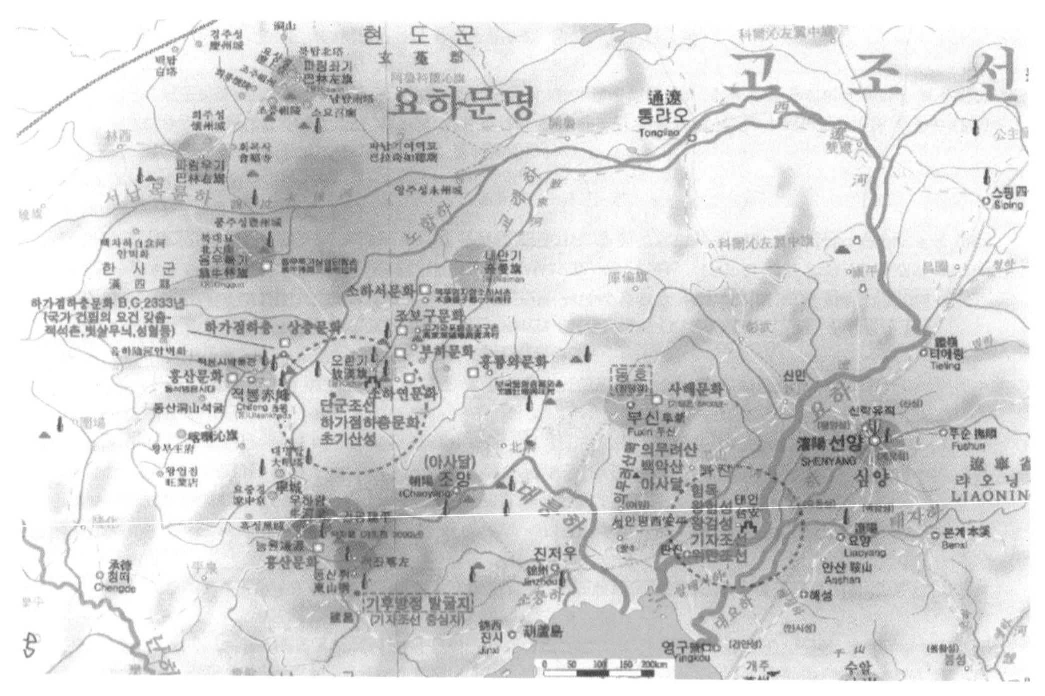

고조선(古朝鮮)의 강역(疆域)과 요하문명(遼河文明) 중심지(中心地)

그래서 다음으로 요하(遼河)유역을 답사하게 되었는데, 서요하(西遼河) 유역의 상류인 적봉(赤峰)지구와 오한기(敖漢旗) 등을 중심으로 한 홍산(紅山)문화 유적지로서 7, 8千年이 넘는 유적의 발굴지역이다. 이 지역이 우리, 환인 환웅을 거쳐 단군시대로 이어지는 유적지인 것이라 추리(推理)되고 있다.

왜냐하면 이 지역에서 출토(出土)된 유물은 우리 민족〈東夷系〉이 숭앙(崇仰)하는 기수(奇數)문화이기 때문이다. 즉 용기류(容器類) 출토는 반수(半數)이상이 삼족(三足)이고 석등(石燈)은 삼족이 아닌 것을 보지 못했으며, 탑(塔) 역시 5층(層), 9層, 13層이 대부분이다. 깃대꽂은 數나 계단(階段)의 數도 3, 5, 7, 9로 건조(建造)되어있다. 이와 같이 기수 문화가 눈에 많이 뜨이는 지역은 동이족이 거주(居住)한 지역인 치우(蚩尤) 통치(統治)지역과 동북(東北)아시아 지역인 내몽고(內蒙古)와 만주(滿洲) 일원과 발해(渤海)지역인 연해주(沿海州)와 우리나라지역이다.

반면 화하족의 근거(根據)지역에서는 4足 용기(容器)와 8層, 12(層) 塔을 볼 수 있다. 제일 흔한 것은 집에 달아놓은 롱등(籠燈)의 숫자는 거의가 우수(偶數)이며, 기수인 곳도 있다. 지금의 풍속(風俗)으로 재복(財福)을 비는 소상(塑像) 앞에 공물(供物)을 바치는데 대부분이 우수이며 기수는 드물다. 中國人〈주로 華夏族 系〉들은 2와 8을 좋아한다.

이 요하지역 역사를 현 중공정부(中共政府)에서는 화하족의 역사로 편입하지 못하고 동북공정(東北工程)을 표방(標榜)으로 흉계를 꾸미고 있는데, 자기네 역사로 하려고 하니 사회주의적(社會主義的)인 중공정부는 형이하학적(形而下學的)인 조건에 맞지 않으므로 고민하고 있는 것이다. 그래서 우리는 두고 지켜볼 일이다. 우리는 공연히 자극(刺戟)을 줄 필요가 없다. 열심히 발굴(發掘)해 놓을 때까지 현지발굴의 역사적인 유적을 확인(確認)해놓으면 된다. 혹시나 변조(變造) 우려(憂慮)는 있으나 유물은 불변(不變)이다.

日本은 말할 것도 없고 中國에는 상고사(上古史)가 없다. 이것을 복원해야 한다. 그래서 中國과 우리나라 역사〈日本은 우리 역사에 포함〉가 성립(定立)되는 것이다.

황색인종인 이족(夷族)은 신생아(新生兒)에 이족 반점〈蒙古斑點〉이 있다. 이족 반점의 비율(比率)을 보면 우리 한민족〈韓民族〉이 97% 이상이고, 中華民族이 86%이고, 日本民族이

81% 정도이며, 美洲의 인디언이 62%의 통계가 나와 있다. 이것은 이족의 정통(正統)인 동이족(東夷族)이 97%로 이족의 혈통비율(血統比率)을 높게 가지고 있다는 것이다. 이는 동이족이 다른 피가 가장 적게 섞였다는 것을 말하는 것으로 순도(純度)가 높은 이족임을 입증한 것이다. 中華族과 日本族은 주변의 다른 종족(種族)과의 교류(交流)가 많았다고 볼 수 있다. 특히 日本族은 동이족 계로 우리나라에서 도주(渡住)하여 이루어진 종족임으로 우리와 같다. 여하간 동이족이 유적의 계승이나 혈통상(血統上)으로 이족의 정통을 이어온 민족으로 정립하지 않을 수가 없는 것이다.

그래서 황색민족인 이족은 동근(同根) 파계(派系)의 역사가 되어야 하는 것이다.

다음은 중원 현지(現地) 답사의 사진들을 소개한다.

1. 기수(奇數)와 우수(偶數)

1) 三祖堂 소상(塑像) 앞에 진열한 과일의 數 비교

1999년 4개씩 진열

2009년 치우제(蚩尤帝) 앞 5개

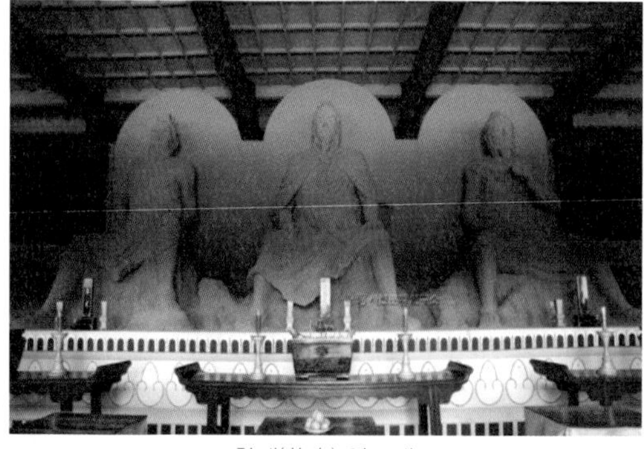

황제(黃帝) 앞 9개

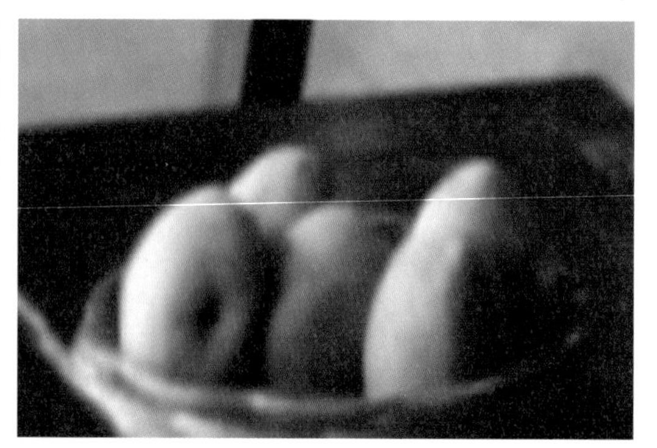

염제(炎帝) 앞 5개

2006년 음력설 석붕에 진열 과일은 1개씩 3개

복록을 비는 제단 과일 수 4개

어떤 사찰의 농등 4등

2) 삼족(三足) 용기(容器)

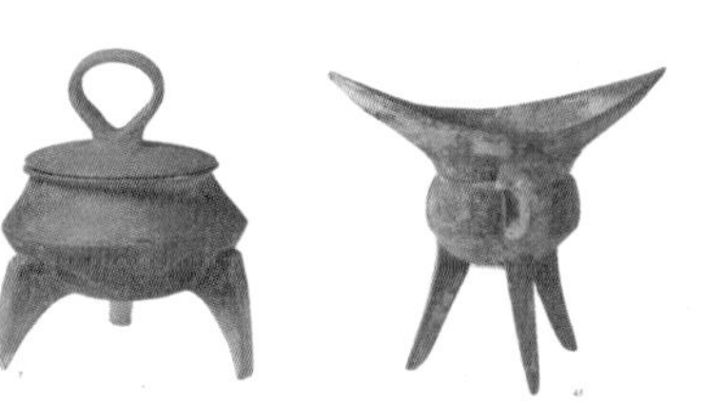

산동 박물관의 삼족 기물들

발해 철 향로

올도스 박물관의 삼족 기물들

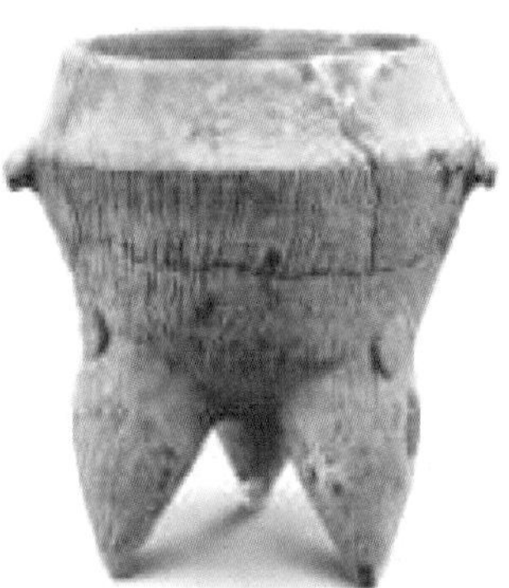

오한기 박물관

적봉 박물관

3) 탑(塔) 층(層) 수(數)

소림사(少林寺)의 3足 3層 塔

소림사(少林寺)의 5層 塔

원영사(源影寺)의 13層 塔

장액시(張掖市) 9層 목탑〈甘肅省〉

조양시(朝陽市)의 13層 북탑〈北魏〉

불궁사(佛宮寺) 5層 목탑〈山西〉

백의사탑(白衣寺塔) 12層〈甘肅〉

구마라십사탑(鳩摩羅什寺塔) 12層〈甘肅〉

2. 철거 아니면 변형

1) 삼조당(三祖堂)의 정문인 귀근원(歸根苑)을 없애고 평범한 문으로 변형시켰다.

원수로 여기던 치우제를 조상으로 모셨으니 당연히 귀근(歸根)이 될 수 밖에 없는 것이다.

2000년 6월에 탁록(涿鹿)에 갔을 때 탁록현 삼조문화연구회 부회장인 조육대(趙育大) 씨를 초대해서 저녁식사를 하는 자리에서 삼조당 정문의 이름을 귀근원으로 한 것은 참 잘된 것이라고 이야기한 적이 있다. 2006년 10월에 탁록에 갔을 때도 건재했는데 2009년 7월에 가서 보니 귀근원 정문이 없어진 것이다.

당초의 삼조당의 정문

이와 같이 간판 없는 문으로 변했다.

동이족의 입장에서 보면 당연한 귀근이지만, 화하족의 입장에서 보면 대단히 수치(羞恥)스러운 일이다. 언젠가는 바꿀 것이라고 생각을 했었는데 건물까지 없앴으니 얼마나 수치감을 느꼈으면 간판 없는 문으로 바꾸었을까. 또 원자(苑字)는 궁궐(宮闕) 안에서 동물을 사육(飼育)하는 정원(庭園)의 이름이므로 잘못된 것이다.

소위 5,000년 이상의 역사를 자랑하는 화하족이 지금에 와서 조상이 돌아오셨다고 말할 수 없지 않겠는가!

2) 2006년에 갔을 때에 옷감〈염제 발명품〉을 어깨에 두른 황제 석고상(石膏像)이 없어졌고, 치우제를 이겼다는 응용(應龍)의 사당도 없어졌다.

3) 없어진 현수막〈1997년 산동 박물관의 현수막, 후에 가보니 없어졌다.〉

"遠古 至漢 約 五十萬年 前~B. C. 220年 山東省 古代 夷娶居的 主要地區"

〈아주 먼 옛날부터 B. C. 220년 漢나라 前까지는 夷族이 살던 중요한 지구〉

4) 순제(舜帝) 묘를 거창하게 개축(改築)하면서 좌향(坐向)을 변경했다.

순제 소상앞 봉당에 펼쳐 놓은 문왕 팔괘도. 간향(艮向) 1997년

새로 개수한 순제 묘는 북향(北向)

'中原五千年文明的曙光塔' 2006.7.
철거된것을 2015.3.확인

3. 방향성(方向性) 해설

1) 中華族〈華夏族〉이 간방(艮方)을 중요시하는 이유

1) 조상이 계시는 도읍지〈아사달(阿斯達)=哈爾濱〉를 향배(向拜)하는 사상(思想)

2) 석붕(石棚)의 건조방향이 제사(祭祀)를 지내는 조상이 계시는 도읍지〈아사달〉 방향이다. 중국의 요령성(遼寧省)에 있는 세 곳의 석붕의 설치방향을 조사하였는데 정확하지는 않으나 한 곳은 북방〈아사달=哈爾濱〉이고, 두 곳은 대략 서방인데 홍산(紅山)문화권인 우하량(牛河梁) 지구와 조양(朝陽)시다.

2) 동이계(東夷系)는 북방을 중요시한다.

마니산(摩尼山)의 참성단(塹星壇)의 건조방향이, 즉 제사 지내는 방향인 아사달 쪽인 북방이다.

3) 동이계의 분파인 일본족은 건방(乾方)을 중요시한다.

이세신궁(伊勢神宮)의 건조방향이, 즉 제사 지내는 방향이 아사달 쪽인 건방(乾方)이다.

4. 왜곡(歪曲)된 역사

탁록지역의 판천지야(阪泉之野)에서 신농 염제(神農 炎帝)와 황제가 결전(決戰)하였으나 화전(和戰)으로 연맹(聯盟)을 이루어 치우제를 패퇴(敗退)시켰다고 되어있으나, 이는 연대로 보나 지역적으로 보아 이치(理致)에 맞지 않는다.

즉 염제는 황제보다 560年이나 앞선 인물이다. 그러므로 황제가 즉위(卽位)한 연대는 B.C. 2,679年으로 보아 신농 1世 염제가 아니고, 신농 8世인 유망(楡罔)과 같은 시기다. 이것을 분석해보면 다음과 같이 추리(推理)된다. 이때에 서안(西安)지역의 보계(寶鷄)〈강수(姜水)〉지구에 근거를 가지고 있던 신농계와 황능(黃陵)지구에 근거를 가지고 있던 황제계가 살기 좋은 동방(東方)의 치우제 통치(統治)지역을 점유(占有)하기 위하여 판천지야까지 와서 보니 공동의 공격목표인 치우를 각각 공격하는 삼파전(三巴戰)을 하기보다는 신황(神黃)은 결전을 하지 않고 화전(和戰)으로 연맹을 이루어 탁록지야에서 치우를 정벌(征伐)하였다고 보는 것이 이치에 맞는다고 본다. 치우를 정벌한 후에 신농계는 양자강(揚子江) 중류로 이주하고 황제계는 탁록지역을 점유한 것으로 보아야 한다.

그런데 1999년 6월에 삼조당 근처의 상칠기(上七旗)에는 염제사(炎帝祠)구지(舊址)가 있었으며 여기가 전쟁 시에 염제의 지휘(指揮)본부였다고 한다. 이와 같은 허무맹랑한 유지가 있는데 그 후에는 가보지 못하였다.

아마 지금은 없앴을 것이다. 2009년 7월에 갔을 때에 이상의 위선건(僞善件)에 대해서는 잘못되었다는 것을 조육대(趙育大)씨로 부터 확인을 받았다. 이와 같은 왜곡된 것이 이것뿐이겠는가, 워낙 나라가 크고 같은 유적이 여러 군데 있다 보니 각기 제 곳의 유적이 정통(正統)이라고 한다.

5. 결론(結論)

환웅(桓雄)시대를 이어받은 단군(檀君)시대는 진한(辰韓), 번한(番韓), 마한(馬韓)의 삼한(三韓)으로 나누어 진한이 단군조선의 최상국(最上國)으로서 번한과 마한을 제후국(諸侯國)으로 봉(封)하여 단군의 칭호를 사용하게 하였다.

진한의 영역은 흑용강을 중심으로 한 만몽전역과 시베리아까지를 통치 내지 영향권(影響

圈)에 두었고, 번한의 영역은 란하(欒河)유역으로부터 河北省, 山東省, 安徽省, 江蘇省을 포함한 소위 치우제가 통치하던 영역을 통치 내지 영향권에 두었으며, 마한은 한반도 일대와 중국의 동남해안을 통치 내지 영향권에 두어 황해를 내해로 하는 대제국을 거느렸다고 볼 수 있다. 따라서 중원의 여러 나라들은 서안을 중심으로 하고 있었을 것이다.

고구려, 백제, 신라의 삼국시대가 되면서 고구려는 진한의 영역을, 백제는 번한의 영역과 마한의 일부를 그리고 신라는 마한의 일부와 중국의 동남해안을 통치 내지 영향권에 두고 있었다고 볼 수 있다.

나당(羅唐) 연합군에 의하여 고구려와 백제를 멸망시키고 신라도 중원 땅에 있던 영역을 당나라에 내줌으로써 처음으로 당나라가 황해 연안까지 진출하게 되면서 화하족의 중심세력이 비로소 황해에 이르게 된 것으로 볼 수 있다.

이상 우리의 고대역사를 더듬어 보았다. 발해시대까지는 침략(侵略)을 받지 않았는데, 고려시대부터 주변국의 침략을 받고 약소국(弱小國)으로 요(遼)나라의 위협으로부터 시작하여 元나라, 明나라, 淸나라의 침입(侵入)을 받게 되었으며, 종국(終局)에는 일본의 식민지(植民地)가 된 것이다.

왜 이렇게 되어야만 했을까! 그건 우리 모두 다 알다시피 삼천리의 영역과 몇 천만의 인구로는 주변국의 억압(抑壓)을 안 받을 수가 없었기 때문이다.

"그러므로 우리민족의 永遠한 安保는 침입을 받지 않을 대국(大國)을 만드는 것이다."

그래서 그동안 20년 동안 30여 회의 中央아시아를 답사하여 대충 테두리는 잡았으니, 계속하여 좀 더 심도(深度)있게 자료를 수집(蒐集)하여 우리의 영원한 안보를 이룰 수 있는 큰 나라를 건설해야 할 것이다.

새 時代 노래

1. 아사달의 넓은平原 一萬三千里
이곳에서 居住하는 五億七千萬
桓因紀元 빛난歷史 九千年일세

2. 밝은湖의 東南쪽에 말먹이草原
새時代의 桓雄紀元 六十一世紀
東夷族이 다스리는 和白의나라

3. 새時代의 弘益人間 在世理化다
힘을모아 부지런히 터를닦아서
이곳에서 사는百姓 모두다幸福

4. 새時代의 人類文字 너무나쉬워
배우며는 文盲退治 저절로되어
새時代의 사람들은 모두다平等

註 解 :

1. 一萬三千里 : 白頭山부터 中央 亞細亞의 아사달평원이 一萬三千里가 넘지만 東夷族이 숭앙하는 숫자인 奇數〈1, 3, 5, 7, 9〉이다. 초원지대와 中央 亞細亞一帶와 中原땅의 東海岸까지 우리 선조가 사시던 곳이며 東夷族의 터전이다.

2. 五億七千萬 : 一萬三千里에 살고 있는 백성이 五億七千萬 이상이지만 상징적인 숫자일 뿐이다.

3. 桓因紀元 九千年 : 우리 歷史는 桓因天帝 一世부터 九千二百年 정도인데 상징적인 숫자일 뿐이다.

4. 六十一世紀 : 桓雄紀元 六千年의 第二期가 새로 열리는 六千一年부터이다. 〈금년 雄紀 5,914〉

5. 夷族으로 번성하여 東夷, 西夷, 南夷, 北夷로 분류되어 살고 있으며 이의 호칭이다.

6. 和白 : 自由 民本主義로서 화합하고 순백한 報本本心의 世上을 말하는 것이다.

7. 弘益人間 在世 理化 : 檀君思想의 핵심(核心)으로서 사람 된 자에게 크게 이로움을 주는 事理에 맞는 世上이라는 뜻이다.

8. '바른 소리글'의 '**인뉴문사**(인류문자)' : 訓民正音을 발전적으로 創案한 가장 합리적이고 科學的으로 編纂한 '바른 소리글'을 요약해서 창안한 '**인뉴문사**(인류문자)'로서 全 世界人類가 아주 쉽게 배워 의사소통을 할 수 있게 새로 만든 글자이며 '**인뉴문사**(인류문자)'로 명명(命名)한 것이다.

* 앞으로 中原은 歷史上으로 볼 때 분할(分割)하게 될 것이다. 지금 티베트와 위글 지역은 독립을 주장하고 있으므로 우리는 이 기회(機會)를 포착(捕捉)하기 위하여 단단히 대비를 해야 한다.

堤鳳〈金 世煥〉의 노래

三山脈이 이어내려 점지된터를
三河川이 감싸안은 蘆溪의洞天
이곳에서 堤鳳居士 태어났단다

龍湫岩과 鳳凰山의 精氣를받고
靑雲의꿈 간직하며 갈고닦아서
技術로서 先進鐵道 이룩하였다

電氣鐵道 參與하여 基盤을닦고
各種車輛 開發하여 運營하면서
超高列車 技術仕様 確立하였다

研究하여 人類文字 創案을해서
온누리에 傳播하여 배우게되니
글모르는 사람들이 없게되면서

自然스레 文盲退治 이루어지고
全人類가 같은글자 쓰게되면서
글을써서 意思疏通 하게되었다

黃色系의 東夷民族 뿌리를찾아
中原땅을 三十餘回 踏査를해서
上古歷史 編纂方針 定立을했다

桓因桓雄 檀君夫餘 新羅高句麗
百濟伽倻 渤海高麗 近世朝鮮과
大韓民國 一萬年의 悠久한歷史

註解:

1. 三 山脈 = 白頭 大幹인 太白山脈, 車嶺山脈, 九鶴山脈의 세 개의 山脈
2. 三 河川 = 玉田川, 堤川川, 舟論川의 세 개의 河川
3. 龍湫 岩 = 巖石이 터주는 龍의 昇天 龍湫瀑布이루고
4. 鳳凰 山 = 우뚝 솟은 山이 掩護하는 氣勢다.